金石文獻叢刊

古誌石華

二

【清】黄本驥 撰

上海古籍出版社

古誌石華卷十六　　三長物齋叢書

唐十二

解進

大唐故鴈門郡解府君墓誌銘并序　府君諱進字進
族茂鴈門派別條分今籍于京兆府鄠縣入步鄉解村
人也祖諱齊而樂道不仕府君即樂道之第二子也修
短不意去元和四年三月四日疾終于河南府河陽縣
太平鄉樹樓村之私弟春秋六十有五即以元和五年
十一月十一日權厝於私第北二里原之禮也霜妻李
氏偕老願違哀號痛切嗣子忠信次子少遷次子少恭

次子少璘次子少儀次阿小長新婦曹氏等號天叩地柴毀過禮殆不勝乭宅穸云具禮物咸備恐墳隴有變故刻頌立名以作永年之記　茫茫薨里寐寐松扉痛君子之長逝沒寒泉而不歸

是誌乾隆間於孟縣西五里戍樓村出土即誌所謂樹樓村也己酉年移置縣學文內而樂道不仕而字當爲父字之誤去元和四年去當是以字之譌郭乃郛之別字又條作絛孀作霜切作叨喪作乭銘作名蒿作薨又禮也上行之字說見前杜某誌

馬廿三娘

大唐扶風馬氏墓誌銘并序　　廿三娘郎郎姹姹扶風人也故侍中太原尹子曾王父故太子諭德兼兵部郎中子大王父故鄂州州從事子之先父也子生於珥貂之家育在紈綺之室笄年廿歲灼如蕣英期偶適耀□我後嗣何華而不實祉福不臨以元和八年七月三日洪水蜀来浸溢夏汭合郭為患顧此□□遂假官航以虞墊溺豈意家臣失泝憑夷幸災巨舟云覆相次淪没嗚呼慈親腸絶天倫氣摧存殁路殊終議元隧以元和八年八月四日窆於先父塋側禮也恐陵遷徙乃紀銘云　伏波有女青娥艷陽馬氏有男白眉最長於□□

□彼天何殃豈春華之睢景同淪沒於舟航嗚呼生則
同氣發為異穴捨慈親之恩愛侍先父之塋闕痛纍纍
之古原□□□之永訣

李術

唐故叔氏墓誌并序　元和九年歲直甲午正月十九
日丁卯浙東觀察判官將仕郎試大理評事攝監察御
史李翱奉其叔氏之喪塟于茲叔氏諱術生子曰王老
遠在京師翱實主其事銘曰　翱生始言叔氏棄沒爰
殯于野年周四甲豈無諸親生故或迫亦有息子旅宦
京國邱墳孰封松檟未列殯宇零毀狐狸所穴中夜遠

思酸淒心骨是以乞假公府言來筮宅追念延陵季子
羸愽葬不歸吳於礼其合唯叔平生游居是邑夭謝于
此靈幽其託女姪之西仲兄之北冥昭何異可用居息
孰為故鄉乃樹松柏

盧某妻崔氏

唐故河南府司録盧公夫人崔氏誌銘　殿中侍御史
內供奉竇從直撰　公夔書　元和甲午歲有夫人崔
氏粵華宗令人德門賢婦以首秋再旬旬外五日終于
東都正俗里之私第享年六十九嗚呼母儀厚德婦道
宏訓令問如在誰其嗣之夫人諱績号尊德性愽陵安

平人也東漢魏晉延燿不息迨至本朝宜昌而熾曾大
父通許州司馬王父知懸祕書丞贈國子祭酒父倫代
宗朝以前御史中丞使吐蕃拜尚書左丞殁謚敬公伯
曰譚左司郎中仲曰榮右補闕叔曰殷衡州刺史而皆
以禮自持用榮為誡善慶所及夫人益光夫人即敬公
之季女也年十有一歸于范陽盧公惟公人倫碩德冠
冕良材往踐王畿滯登臺閣嗣業尤重紀綱洛川貞元
已夘先夫人而屈於命夫人晝哭捐軀未忘誓志無違
撫育不易慈仁剋己成家樹立餘業邈此則修學大悲
一切解脫夫人元昆衍德宗朝以御史大夫觀察宣歙

池三州殁諡懿公夫人與公孝慈以類告終歲月十稔
而同同氣之言於斯可驗矣夫人有男一人女二人女
則組紃稟訓婉娩承華結褵從夫榮耀他族男曰從雅
頃歲辟召制有成命參佐戎律攙乃戶尉終養不虧十
年向晦丁艱筮宅竊效其懷初司錄府君先卜梓柏谷
口回而祔焉至是問從祔于蓍龜不剋問改祔于蓍龜
龣吉君子曰傳無不之今則何遠乃歲十月六日奉夫
人輤祔啟府君東北九里合防以虞順也嗣子謂從直
忝懿公顧盼又備末姻尚載恩光早詳勳閥託之琬炎
貽厥形人銘曰　夫人之生榮耀勳華鳴環適人慶彼

夫家姻族惠懷靡不稱嗟溫玉貞松保厥終始母儀婦
道遺範已矣雪涕鮮原反覆孝子
撰文之竇從直見宰相世系表書者公夔名而不氏
未知于崔盧何屬也夫人兄衍舊書見孝友傳新書
傳云寶歷二年父倫以右庶子使吐蕃虜背約留二
歲執倫至涇州逼爲書約城中降倫不從更囚邏娑
城閱六歲終不屈乃許還遷尚書左丞以疾改太子
賓客卒倫加官爲常袞草制見文苑英華衍遷宣歙
池觀察使與誌合而以御史大夫出任於外則史所
未載也文內未亡誤作未忘夫人之號曰尊德性暨

桓元字神靈寶前涼張天錫字公純嘏皆三字字也夫人以三字爲號而用理語在閨閣中爲僅見誌曰奉夫人輤絥用禮雜記其輤有裧句輤喪車裧車衣緣飾也其字從衣此從示非

魏邈

大唐故宣州司功叅軍魏府君墓誌銘 幷序 息孤子直贇自撰幷書 大人諱邈字仲方其先鉅鹿人寄居于京地府咸陽縣積代矣頃因禄山纂逆鑾輿南征畿甸士庶皆爲俘馘由是圖籍毀致産業灰燼不可復知先人之事也此無以述曾祖賓皇任隴州長史祖母王

氏祖朝隱鄜畤浮名高尚其仕祖母栢氏伯父遜試左衛率府兵曹參軍皆不幸短命先歸黃壚且大八少履文字貞元初以鄉舉射策上省者五六以賄援無竟不登第然當時稱屈者衆矣其後為河陽鄭慶使所辟遂戎幕處事詳明奏懷州參軍丁祖母憂不上後參選拜果州司户參軍未上為度支山南租庸使所厚抑志勾留共理鹽鹵官滿不舍其後懼以覆餗懇辭所榮租庸使韋公不勝其辭由是獲免既而四海無業一家若浮遂携老幼而入開溯中無投足之地買居于萬年縣之勝業里㒂然無託食於親知者首尾五祀出無車輿

坐甕粮糗妻孥有含菽飲水之忠無衣無褐之虞而我父不爲耻不隕越者以其知止知足達於至理者也元初四年夏四月相府裴公以因人而知其善補待制官掌擬絲綸廉慎益著地居近密不發私書朋舊睨親由斯感怨人雖欲遺之金布鈔粟曾不我容焉所謂蹈火不熱履霜堅氷其此之由乎拜婺州司功叅軍轉宣州司功叅軍未滿今年復有詔令之本官以其年十月十三日終于宣州宣城縣之公館侄贇親侍靈舁以明年歲次乙未四月八日己酉葬于京兆府萬年縣之畢原禮也大人履善道賤古事亦已久矣而不曾極耳目之

所觀聽娛心意之所愛樂一生蹇蹇終日棲棲而死之
日餘俸不足以葬藏一身兒女無歌哭之地其不痛矣
然則霜非儉極乎孃趙氏試璧州別駕昇之女自羅豐
咎泣血終日加以孤幼纏繞厓羸殆深生男女六人女
三人長曰素蒸嫁李氏次曰季風嫁侯氏季曰季雅猶
未從人兒三人長即虔贇仲曰文質皆三衛出身季曰
齊貢拜兗州都督府參軍丁此憂不上並生遭不造少
集荼毒酷裂痛寃無所逮及倉天倉天噫大人積德累
仁如此竭忠盡孝如此宜乎天地孔昭神明大鑒享年
有永降福穰穰者與如何朝陽露晞珪璋鼎殞倉天倉

天造贊所不以斯文託於人以其情地崩迫聳其紀事之明也雖讃父之德則為寵親而內舉不避且旌善人其辭曰　冲和降氣誕生忠良和順內積英華外揚靡驟于弱無淩於彊天胡不惠流毒禍殃精魂倏殞聲績弥彰千齡兮萬代共響乎遺芳

匡贊為父誌墓乃用行書上石其篇末云內舉不避且旌善人是豈贊父之詞耶其云以鄉舉射策上省者五六賄援兼無竟不登第唐代制科人材輻湊其不盡出於公卿此可見誌載葬以明年乙未而未著年號以邈妻趙氏誌證之所謂今年其年者為元和

九年明年乙未則十年也匡贊自書父誌諱下邀字
鈌筆致敬圖籍毀致致當作棄高尚其仕當作其事
或作不仕又庸作庸闢作開寡作寘蒼天作倉天終
於宣州宣城縣之公館今以宦游所寓曰公館始見
於顏魯公撰殷府君夫人碑云卒於成己尉氏尉之
公館此其再見也

李輔光

唐故興元元從正議大夫行內侍省內侍知省事上柱
國賜紫金魚袋贈特進左武衛大將軍李公墓志銘并序
朝議郎行尚書刑部員外郎崔元略譔　宣德郎前

晉州司法叅軍巨雅書　夫王者統極垂理其外必有英哲宣力股肱其內必有專良布達心膂以成帝道古今而言君臣相會兼之者鮮矣厥有內侍李公可謂會而兼之者也公監軍河中以元和十年正月十七日薨于官次行路悽咽元戎以聞皇帝軫悼寵以殊禮褒贈特進左武衛大將軍品冠朝端位崇禁衛詔下之日人不謂優有以見公出入中外始終無過之地矣公諱輔光字君肅其先京兆涇陽人也曾祖望皇京兆府華原縣令祖萬靖皇涇王府長史父思翌皇涇州仁賢府左果毅賞緋魚袋公則果毅之第三子也質表華茂氣懷

恭敏建中歲德宗御宇時以內臣干國率多縱敗思選
賢妙以正官掖故公特以良胄入侍充白身內養俄屬
皇輿巡幸公於斯時參侍指顧應對皆愜遂賜綠超授
奚官局令勳以元從之号其年又選掖庭局令典元初
輦入宮闈公屢含天憲復命之日皆中機要遷內寺伯
時有北虜入覲將以戎馬充獻數盈累萬國朝故事每
一馬皆酬以數十縑帛拒之即立為邊患受之即王府
空竭公承命為印納使迎之朔陲諭以信實交領之際
虜不敢欺必以精良者進事後充算省費之校億兆相
懸生靈所資安危是繫則公之於國可謂有大功矣聖

情歡悅遂有銀章朱紱之賜由是方隅重事咸所委屬鎖嶠之南漸于海日邑詹地偏人狡□□□將有欵溪洞連結為盜者僅廿萬衆王命稽擁逮于周歲隣道節使咸請進討德宗皇帝且曰以吾人伐吾人匏之非利於是命公招諭馹□□馳遽臨所部公乃訊詰疑懼貽示恩威浹辰之間咸知所嚮公素練兵機具見尋領巡視川谷占其要害奏請於海口置五鎮守捉至今怗然人受其賜獻功未幾又屬太原□帥李自良薨于鎮監軍使王定遠為亂兵所害甲士十萬露刃相守公馳命安撫下車乃定便充監軍使前後三易節制軍府晏如

十五年間去由始至遂特恩遷授內給事又有金章紫
授之賜元和初皇帝踐祚旌寵殊勳復遷內常侍兼供
奉官明年銀夏裨將楊惠琳西蜀副倅劉闢或以長帥
薨殁皆恃塞怙險初有邀君之心終成悖亂之跡公啓
表請發當道步騎誅討功成之日優詔褒美曰卿志懷
嫉惡情切奉公繼遣偏師剋平二寇雖嘉將師之勳足
見監臨之効拜內侍省內侍知省事中署之貴寵極於
此尋因入覲懇請留侍乃充鴻臚禮賓使又轉內弓箭
庫使曾不累月皇帝以蒲津重鎮監統務切復除河中
監軍兼絳州銅冶使自元和四年至九年元戎四換交

代之際人心如一斯蓋公約已熈与士信靜專動和推
安便物之所致也聖恩表異圖形省閣易簀之日享年
七十有四以其年四月廿五日吉辰遷窆于涇陽縣咸
陽原之陰詔下所司備鉦鼓笳簫儀衛禮物中使監導
出于都門榮觀路人寵被幽壤仕君子聞者咸亦知勸
夫人韓氏邑号扶風郡閫儀端懿母德温淋如賓之敬
見于奠禮有子四人長曰希晏前將仕郎掖庭局宫教
博士次曰仲昇開府儀同三司撿校太子詹事兼殿中
侍御史充河東節度保寧軍使次曰希暹内養將仕郎
守内侍省内府局丞次曰希昇並皆克奉規訓志存忠

孝懿勲茂績始見其進也門吏晉州司法叅軍巨雅以元略長兄嘗賓於北府以元略又從事中都俱飽内侍之德將命録實見託為誌勒之貞石且無愧詞銘曰

涇水之涘高原堀起其上新墳葬我將軍將軍之德實彰家國水竭原遷斯文乃傳

石墨鐫華云萬歷中涇岸摧水不流三日乃得茲石其銘云水竭原遷斯文乃傳適符其事文内三易節制謂李說鄭儋嚴綬也元戎四換謂王鍔張茂張宏靖趙宗儒也輔光爲河中監軍使者卽監宏靖軍也撰文之崔元略嘗以諸父事宦者崔潭峻其官中都

及弟巨雅爲法曹叅軍皆輔光監軍河中時所除故自稱門吏而爲撰書此誌以記功德志中選賢妙以正官掖官當作宮皇帝踐祚祚當作阼仕君子仕當作士又帥作師寇作寑畱作留希作希

員某

大唐故員府君夫人墓誌銘　上缺　昔因周文王之後分郡於南陽祖諱憲格高調逸學富才雄退卧雲林高道不事父諱麟文詞間世儒素成家器宇深沉風神朗悟一心孤高寒峰暎月爲量不測發言有徵心常懷分義尤濟貧遠邇之人咸懷其德何脩短之有命以元和

十一年五月十八日啟手足而告終春秋卌有六夫人
房氏雍容令儀肅穆懿範畢舅姑之大禮享年卌有二
同年八月十六日續夫而殁兄昌忝同支氣痛苦連心
嗣子元啟攀號擗踴仰告皇天罄家有無備終大禮以
元和十一年十二月廿九日合祔大塋而安墳壠山谷
變改託於銘記其德詞曰　窮燈暗暗泉室冥冥孤墳
對月荒野煢煢千秋萬歲永隔恩情

臧某妻周氏

唐故東莞臧君夫人周氏墓誌銘并序　進士張師素
撰　夫人姓周氏其族望本乎汝南今爲陽羨中江里

人也祖莊父俊皆不尚名宦抗跡邱園孝悌謙恭仁行昭著夫人淋慎貞賢溫柔令範自禮歸臧氏之室而琴瑟協和遵孟氏之風規有班家之令譽嗚呼元穹降禍大夢忽臻未偕知命之年奄促泉臺之痛以元和十三年歲在戊戌三月四日終於義興平西里之私第享齡四十有四亦以其月甲申朔廿六日己酉安厝中江血瀆東北之平原周氏祖業之園地蓋從龜筮也有子曰奉言始童丱有女二人長未及笄俱號訴之無依恨慈容之永隔恐桑田變易陵谷傾頹故勒紀貞石乃爲銘云　雙劍光芒兮嗟一沉鳳歸杳冥兮鸞孤吟撫稚子

兮淚盈襟悲壠樹兮愁雲漢

西門珍

大唐故朝議郎行宮闈令充威遠軍監軍上柱國賜紫金魚袋西門大夫墓誌銘 并序　從姪鄉貢進士元佐

上　公諱珍京兆雲陽人也曾祖[redacted]祖彭並蘊異才不苟榮祿孝悌雖形於家室聲芳已著於遠迩父進朝議郎行內給事賜緋魚袋立性恭寬執心惠亮入侍闈展出撫軍師歷事四朝竟無敗累故中外貴介咸遵厥行公器局宏邈見解殊倫幹於理劇果於從政志存太略不忌小節恒人譏其傲睨高賢許其豁達至德之初釋

禍從仕大歷之末擢居宣徽建中四年王室多故涇源叛卒晝入犯門鑾輿西巡以避封豕艱虞之際尤尚通才除内府局丞充鳳翔隴右節度監軍判官時懷光不臣潛与泚合举華於是更幸梁洋節使楚林果有窺貳公每於衙府輒肆直言諭其將士徼以禍福國家靡汧隴之憂州縣免誅夷之弊微公之力殆不及此德宗聞而異之俾充荊襄沔鄂洪府宣慰使興元元年遂除洪府判官隨先鋒兵馬使伊慎下安黄等州貞元元年來獻俘馘上旌公切拜内僕令令赴本道其年季秋改充豪壽觀察監軍判官尋除張建封尚書為徐泗節度詔

公獨監送上職名如故其年朝覲遷荊南監軍上以公
習於戎事欲將任重聖心未安久而不遣至八年充劒
南三川宣慰使其六月監淄青行營兵馬三千餘人戍
于岐山西扞荒服上以公臨事不私撫軍有術凡積星
歲踰十瓜時十三年入奏上嘉其勳錫以朱紱昆戎自
從會盟懸負恩信知我有備未嘗犯邊上以關東甲士
遠從勞役恐令罷鎮却歸本管三軍別公援轡揮泣如
訣父母豈勝道哉既歸闕庭復任高品暨德宗昇遐順
宗嗣位爰選耆德以輔儲皇轉為少陽院五品永貞元
年屬今上龍飛公以密近翼戴之績賜紫金魚袋充會

仙院使元和元年改充十王宅使歷事六朝公智足以
周身謀足以解難事上不偪接下不侮自束髮委質銜
命撫軍宣慈則蒸庶再蘇討叛則兇渠授戮動有流譽
人無謗言若非沭慎曷能臻此公身居禄位志不驕矜
克遵象外之談不計生前之事遂於長安縣龍首原西
距阿城東建塋域高甸雖枕夏屋未封君子聞之僉曰
知命夫人馬氏驥之女也内備四德外諧六姻邕睦允
暢於曾風折旋不虧於戴禮不幸先公而殁有子四人
長曰季常次曰季平季華季熣或名忝客侍或職列禁
軍咸藴構堂之姿俱是保家之主以元佐性無飾僞文

好直詞爰命紀能庶旌實録其詞曰　洪河孕氣兮嵩岳粹精聖君當馭兮哲人乃生才調不羈兮智略縱横器宇寖深兮量包滄瀛結髮從宦兮捐私徇公弱冠受命兮臨人撫戎入侍丹陛兮三接明寵出宣青塞兮九譯潛通功成位高兮鏘金拖紫居安慮危兮先人後已去健羨師老氏之元言齊死生宗大仙之至理自昔有生兮孰能不亡考彼靈龜兮兆此龍崗或掊或築兮高墳深穴爰栽爰植兮青松白楊　上以公恪勤事主密慎左右至七年遷監威遠軍使晝巡夜警衛士畏戚敷奏闕庭衆稱其美謂保貞吉以享百齡逝川不留奄隨

朝請以元和十二年七月一日遘疾終于脩德里之私第春秋七十有四以明年七月廿日壬寅遷窆於長安縣承平鄉先脩之塋從其命也

是誌卒葬年月另敘於銘詞之後前序及銘係珍作生壙時命從姪元佐頂爲撰刻銘後三行則葬時補敘也誌中介作尒安作安慾作慫闢作開役作伇轡作轡罔作岡宦作宧徇作侚

尼契義

唐故龍花寺內外臨壇大德韋和尚墓誌銘并敘　從父鄉貢進士同翊撰　大德姓韋氏法号契義京兆杜

陵人也元和戊戌歲四月庚辰恬然化滅報年六十六
僧夏四十五粵以七月乙酉遷神於萬年縣洪固鄉之
畢原遺命不墳不墖積土為壇植尊勝幢其前亦浮圖
教也曾王父諱安石皇尚書左僕射中書令大父諱斌
皇中書舍人臨汝郡太守烈考諱袞皇司門郎中眉州
刺史家承卿相德勳之盛族為關內士林之冠始先妣
范陽盧夫人以賢德宜家蕃其子姓故同氣八人而行
居其次在女列則長焉自始孩蘊靜端柔潔之性及成
人鄙鉛華靡麗之飾寤寘心於清淨教親戚制奪其持
愈堅年十九得請而薙落焉大歷六年制隸龍花寺受

具戒於照空和尚居然法身本於天性嚴護律度釋氏高之國家崇其善教樂於度人勅東西街置大德十員登内外壇場俾後學依歸傳諸佛心要既膺是選其道益光門人宗師信士嚮仰如水之下匪我求蒙持一心之後繕佛宇來四輩之施捨金幣高閣山聳長廊鳥跂像設既固律儀甚嚴率徒宣經與衆均福故聞者敬而觀者信如來之敎知所慕焉嘗從容鄉里指於北原而告其諸弟曰此吾之所息也爲其識之嗚呼生歸於佛歿歸於鄉至哉其孝乎所以報生育劬勞之恩備矣窀穸之制咸所遵承弟子比邱屋如壹等服勤有年踴奉

遺敎杖而會葬者數百千人極釋氏之哀榮難乎如此洄沉礎而志于墓云　迷方之人長聚之身白月下臨苦海無津我得度門性□□□亦既落髮于焉報親孝乎終始歸于故里石鏡□□□□南趾

一尼之喪杖而會葬者至數百千人唐世佞佛成風往往如此故習空和尚墖志云弟子與俗侶白衣會葬服縗者千人焉元奘法師墖志云葬於滻東京畿五百里內送者百餘萬人淨業法師墖志云葬之日道俗闐湊號慟盈衢不可制止者億百千矣噫送而縗焉猶可也至杖而會葬必無之事也彼操筆爲文

者極言弔客之衆多不計杖制之輕重其荒謬乃至如此誌中闗作開冠作紆介作尒修作徬寃作宅

古誌石華卷十六終

唐十三

崔載

唐故太子洗馬博陵崔府君墓誌銘并序　承務郎試蜀王府參軍成表微撰　士有遊藝據德斧藻言行不形喜慍不誤是非者則聞之于府君焉府君諱載字載其先齊太公之後食菜于崔而因氏焉洪源茂根世有名士至于貂蟬映時金紫奕代竹帛繁盛不復書矣王父譙皇易州脩政府折衝列考季試恒王府司馬府君則司馬之第二子也伯仲五人皆美鬚鬣麗容貌各身

長六尺二寸得懷文武之用爵爲豪盛之家長曰戩隴州汧陽縣尉令弟鉷長武城使兼御史大夫令弟晟文林郎太子通事舍人令弟成大理寺主簿府君植性廉潔執心沖和遷善罔遺見惡必止豈謂德優齡促奄隨尺波享年五十有九以元和十四年五月廿三日遘疾終于幽州薊縣招聖里之私弟也夫人彭城劉氏煢煢感容悄悄閨壼齊潔喪事敬逾古昔有子五人男二人女三人長曰公聿試左武衛兵曹參軍侍疾有黄香之譽居喪繼柴也之哀次曰公淑善諷詩禮名美戎郎昆弟等皆善居喪絶漿茹荼泣血羸瘵隣里哀之也女子

等皆以孩提生知孺慕可哀也哉粤以其年十一月十六日窆于幽州幽都縣保大鄉杜村北一里之原祔于先塋禮也表嶶嘗接府君之餘論沐府君之清風學淺詞荒敘事有闕緘之心府有媿幽默銘曰　保大之鄉桑乾之湄泉扃長夜潛翳英姿逝于中齡孰不悽其崔氏之先廿有英賢既盛簪筆亦耀貂蟬太公之封千古昭然嬪妻茹荼令子泣血隣無相舂親有嗚噎志諸貞石用旌賢哲

唐幽都縣卽今宛平縣列考之列當作烈廣韻齊丁公之子食邑于崔丁公之子太公之孫也有博陵清

河二望載博陵崔也

裴昌

唐故河東裴公墓誌銘并敘　前鄭州滎澤縣尉王鉅撰　公諱昌字仲達其先河東人也保姓受氏其來遠矣洎永嘉之年衣冠南渡風流遺烈代有其人禮樂搢紳顯于家諱曾祖元凱祖明達父仁安並嶽懿盛才昭振前列望高族茂勳華貫時公卽府君之第二子也稟淳和之性有堅貞之操以德行立身以仁信交友志尚閑逸不以祿利為榮是以不屈節折腰耽玩琴史寶朋執之寵龍人物之衡鏡隱淪混跡洞達窮通道在其中

矣於戲有至行不享其福壽者其斯之謂歟以元和十五年正月十七日遇疾終于長沙郡湘潭縣之江次享年八十五嗚呼夫德立而人世不稱行成而幽靈無報短長之制命耶以先塋松柏陪葬尚賒禮許從權乃於上元縣鳳臺鄉梅頂岡之東北原別建塋域以其年八月二日權窆焉從吉地也夫人吳郡朱氏淑慎忠厚行成閨門內政有敷義光詩史有子五人長曰典次曰幹次曰超次曰季詩禮垂訓教及義方識度自然哀不逾禮幼子曰祐先公而亡有女二人長適彭城雅次適蔣幹皆蕃令德事舅姑有聞蔣氏愛女早謝浮榮亦先公

而卒令子廬陵谷遷變見託斯文採摭行能勒銘貞石其詞曰　於惟裴公凜然循德在醜不爭惟人是則樂天知命道達通塞栖心雲水處事寂默沿漢泝江東西南北其一天胡不惠哲人其萎大樸已散淳風不歸丹旐翩翩新隴巍巍泉門一閉與此山垂其二

司馬宗妻孫氏

唐朝議郎行鳳州司倉叅軍上柱國司馬君夫人新安孫氏墓誌銘并序　前冀王府叅軍賈中立撰　夫人字堅靜建業人也曾王父瑜睦司馬即吳之洪嗣矣祖從朗錄事父愿皇尉望江咸襲槃祉垂裕後昆夫人婉

婉令淑挺然生知及筓年適于司馬司倉宗窈窕閑雅
謙和優柔行合規矩言堪典模恭理黍稷調暢琴瑟義
光中饋孝顯家風絅衣無華舉案有則訓女四德示男
六經親族娣姒肅然心伏凡在閨閫莫不書紳性止恬
淡情忘嗜慾洞了生滅俄而謝世元和十五年五月十
六日微疾因瘵終于長安頒政甲第也享年五十三以
其年十一月廿二日將遷於國西阿城南原礼也嗚呼
生事畢矣二女早逝有子長裕泣血哀號抑情就礼痛
雍穆之風泯然斯絶刊石紀德庶幾不朽中立舊館之
賓睹其家道不揆為銘未充名實銘曰　婉婉積善不

亭遐齡貞操符礼柔和合經尺跛一謝寸晷冈傳燹其
芳烈刻石存銘
誌中號作䝙避高祖祖虎字諱缺末畫又誤作摸罔
作冈禮作礼雍作雝

盧士瓊

唐故河南府司録參軍盧君墓誌銘并序　外孫歐陽
溪書　君諱士瓊字德卿范陽人家世為甲姓祠部郎
中融之長子明經及第歷寧陵華陰二縣主簿知泗州
院事得協律郎鄭少師之留守東都奏為推官得大理
評事韓尚書代為留守請君如初尚書節將陳許奏充

觀察判官得監察御史府罷歲餘除河南府戶曹以疾免河南尹重其能奏爲司錄參軍大和元年歲次丁未九月庚申發疾而卒年六十九君少好著文精曉吏事少游故丞相楊炎張延賞之門楊美其文辭張每嘆其吏材過人嘗貳同州當徵官稅錢時民競出粟易錢以歸官斗至十八九君白刺史言狀請倍估納粟下以澤民上可以與官取利刺史詰狀君辨其所以然刺史行之民用得饒未一日果被有司牒和收官粟斗給六十後刺史到欲盡入其羨于官君既去貳猶止之曰聖澤本以利民民戶知之不可以獨享刺史乃懸牓曉民使

請餘價因以絹布髙給之民亦歡受州獲羨錢六百萬其爲戶曹決斷精速曹不擁事及爲司録始就官承符吏請曰前例某人等一十五人合錢口僦人與司録養馬敢請命因出狀君訶曰汝試我耶使抴之將加杖承符吏衆進叩曰前司録皆然故敢請君告曰司録豈不自有手力錢也參軍得司録居三之一君曉之曰俸錢職田手力數旣別官品矣此食錢之餘不當計位高下從此後自司録至參軍平分之舊事掾曹之下各請家僮一人食錢助本司府吏厨附食司錄家僮或三人或四人就公堂餘食侵撓厨吏獘日益長君使請家僮二

人食錢於司録府吏廚附食家僮終不入官廚召諸縣府望吏告曰其居此歲久官吏清濁侵病人者每聞之司録戢當舉非法往各白汝長宜慎守廉靖以澠池令為戒其所改易皆克己便人堪為故事及君卒士君子相弔哭咸以為能高而位卑不副有子三人孺方嗣宗嗣業號慕祇守不失家法女二人前娶清河崔皦女無子後娶滎陽鄭虯之女有子葬於龍首原東北孺方叩頭泣曰大人嘗與先子同官而游宅居南北隣敢請紀石翺不得辭乃據所見聞者鐫其實可推類以知凡所從事之賢銘曰　嗟盧君性直而用優約己以利人宜

壽宜貴以極時所惟其緘而不伸以喪厥神豈奪惠於
東民悲夫

宰相世系表盧融祠部郎中生子五士琝士瓊士瑛
士玫士璵士瓊字德卿河南府司録參軍生子三孺
芳嗣宗嗣業皆與誌合惟誌載士瓊爲融長子表以
爲次子誌載士瓊長子名孺方表作孺芳當以誌爲
確書誌者爲士瓊之外孫歐陽溪撰文者未書姓氏
於誌末自敘曰翺不得辭是誌撰於大和元年唐書
李翺傳云大和初入朝爲諫議大夫則撰文者即李
文公翺也是誌與翺叔術誌一撰於元和九年一撰

於大和元年相距十有四年同時出土亦異事也二
誌皆見李文公集中叔術誌與石本無異惟士瓊此
誌大和元年歲次丁未九月庚申十二字集作八月
癸酉四字前例某下無人字職司州上多攝字自有
手力錢下也作耶多用此贓何爲因叩出之召主饌
吏約之曰司録判官文學參軍皆同官環處以食精
麤宜當一不合別二無踵舊犯吾不恕及月終廚吏
率其餘而分之文學六十字葬於龍首原東北集作
故皆祔葬於祠堂東北銘內以極時難集作以拯
時艱以文義校之當以集本爲善

杜某

唐故越州衙前總管杜府君墓誌銘并序　亡妻隴西郡李夫人合葬爲墳　山陰沙門東又述　府君諱口其先口口口平口詩曾祖　祖珍名宦不敘欲略故也府君氣宇英明風神雄大口口口門之緒且時從口傑口口口展伏波早廿天命不祐賢良所嗟大和三年三月廿六日私第而故享齡六十以其年四月廿四月卜葬于山陰承務鄉九里村馬口之地宅兆之禮也夫人李氏元和十二年四月二日先夫而終內則令範可傳女史今合祔墳塋葢琴瑟榮枯口口口口嗣子師素號

裴克繼泣血茹荼哀窮聿喪岵瞻屺瞻□雷在□風悲拱木月□佳城恐山谷遷動勒銘万古詞曰　府君之生材□□□禄位文武猗歟令名天命何欺遽違人世喪親岵峙宅穸俄□哀孤孝子荼毒肝腸奉柩扶護合葬龍岡松柏新栽風光万古佳城異代刻石泉戸

鄭準

故右内率府兵曹鄭君墓誌銘　并序　潁川陳齊之撰

昔鄭桓公為王卿士始受鄭於周因封命氏漢魏以降其族滋大有唐以來□華□軌君其裔也曾王父瑨河南少尹王父溥尚書右部郎中歷青邢相衛□幽懷

七州刺史入為左庶子皇考華駕部郎中吉州刺史仕濟其美時與其能君即吉州之少子也隱不違世顯而成晦於所與以義於取入以□以遨遊江湖而無所為累也君諱準字□道其先滎陽人有回也之貧無□□之貴人之於此皆不堪其憂君之於此未嘗滑其□□□□為之命也大和四年正月二日遘疾終於蘇州華亭縣白砂鄉徐浦場之官舍享年六十有三有子五人嗣曰宗儒次曰宗韞次曰宗慶次曰宗遜皆銜恤茹哀克奉先訓又一子奉釋氏教端慤清淨修無生忍名曰玄直嗟乎伯仲叔季於執喪之禮皆稱順變即以其年

八月廿五日權葬於義興縣洞口鄉震澤里下朱村原
從宜也有女三人皆在沖幼五子以余有往年之舊請
余於文銘曰　其生也天其死也天死生皆天兮何爾
非然嗚呼苟不達於此哀何勝焉
是誌陶氏載入古刻叢抄其石見存鄭準滎陽人爲
蘇州兵曹參軍卒於華亭官舍權葬於義興縣之震
澤里唐義興今宜興縣也誌末請余於文於當作爲
或作請文於余亦可唐書宰相世系表鄭璿官河南
少尹溥官左庶子華官太常博士華官雖與誌異其
爲準之三代無疑然表載溥華父子在璿右一行不

系於本行之下以誌證之知其誤矣

吳達

大唐故吳府君墓誌銘篆蓋

唐故奉義郎試洋王府長史濮陽吳府墓誌銘幷序

鄉貢進士寇同撰

府君諱達字建儒濮陽人也其先与周同姓文王封太伯於吳至武王始大其邑春秋之後與為盟主及越滅吳子孫奔散居齊魯間因為郡之籍氏焉祖偉皇任虔州虔化縣丞父璪冤皇任禺州別駕與貳邑克著公清積慶所鍾寔繁令嗣別駕娶鍾氏而生四子府君即其長也弱不好弄長而能賢清白自持有南朝隱之之操

雄謀獨運得東漢漢公之風歷階奉義郎累試洋王府長史始著籍于豫章晚從家于京國優游墳典怡性林園脫弃軒蓋之榮趣翫琴樽之樂雖二疏之辭榮四晧之讓禄媿之長史今古何殊不幸以大和四年夏七月有六日遘疾終于勝業里之私第春秋六十七以其年十月廿日辛酉祔葬于京兆府萬年縣洪固鄉北韋村烏虖粱木斯壞哲人其萎青烏占宅岁之期白鶴為矛喪之客夫人洑風萬氏閨門肅睦無慙班氏之賢四德不虧豈謝謝姑之德先以寶歷元年十月廿一日捐館于前里第及今克遵祔禮也夫人實生二男一女長曰

仲端次曰仲璵並幼而敏慧有文武幹材或親衛於丹墀或繕經於白武退隙光之莫及痛風樹之不停以其禮經有制空垂志行之文金石靡刊孰紀陵之變銘曰

吳氏之先周室配天封伯東南廿多其賢春秋之後國始大馬代著仁德府君嗣期清慎廉退吾無間然秩試王府道優林泉積善何昧逝于中年洪固高原南抱樊川佳城巋巋宿草芊芊鸞鳳茲祔龜地叶吉夜月松風萬古斯畢

是誌出自長安嘉慶二十二年段君嘉謨令武功移置縣署文曰文王封太伯於吳按世本武王封周章

於吳奉太伯之祀非文王事誌内豫避代宗諱作像又避太祖諱改白虎作白武六月有六日有字疑衍否則月下脱十字然顔魯公書殷君夫人碑亦有七月有五日句又似唐人有此書法孰紀陵谷之變句陵下脱谷字夫人萬氏捐館於前里第金石萃編云捐館二字本史記蘇秦傳用之於婦人始見於此余謂蘇秦傳奉陽君捐館舍謂捐弃賓客之館不忍直言其死也猶臣稱君曰棄羣臣子稱父曰棄不孝之義婦人安得有賓館可捐然其誤不自此志始也庾子山集賀拔夫人元氏墓誌巳有遘疾累旬奄捐館

舍之語卽萃編所載元和七年許孟容撰裴耀卿碑亦有太夫人捐館之語皆在此誌之前其後相承誤用者如蘇長公集亦有太夫人捐館及表嫂壽安君遷捐館舍之語余嘗於癡學中具論之矣誌中操作橾從作從二疏作二疎鶴作鸖弔喪作矛喪扶作扶班作班隙作隟

劉漢潤妻楊氏

唐左神策軍護軍中尉副使兼左街功德副使金紫光祿大夫右監門衛將軍上柱國高平郡開國公食邑二千户劉公故夫人宏農縣君楊氏墓誌銘并序　朝散

大夫試太子詹事兼監察御史魏則之撰　夫積慶者宜鍾乎不祉享祐者宜降以永年繆盭若斯根源靡究然脩短之分豈造次而踰焉嗟乎月墮仙娥星收婺彩花摧玉樹噫足悲哉夫人宏農楊氏諱斑字瓊華京兆長安縣人也曾祖待賓皇昭武校尉守綏州義合府折衝祖延祚皇任内飛龍厩都判官寶應功臣太中大夫行内侍省内常侍上柱國賜紫金魚袋父惟良皇任華清宮使朝散大夫守内侍省内常侍上柱國賜緋魚袋皆簪組傳榮衣冠奕葉肅勳繼代諜譜詳諸夫人即内常侍公之長女也坤靈毓質蘭畹挺姿性稟冲和量懷

溫雅詩書贍曹家之奧管絃精蔡氏之能婉嫕含貞宗族攸重三星始見百兩爰来年洎初笄適于高平劉公渶潤齊眉莘貴合巹聯輝相敬如賓和鳴並耀日来月往卅餘載晨昏盥饋夙夜無違逮事舅姑益彰溫凊因夫延寵跣邑顯榮石窌之封固無慙德繇是閨門馥郁素履弥著壼範聿修彤管稱美宜乎永諧宮徵終契百年之歡樂往悲來旋徵二豎之夢膏肓有驗和扁無瘳況瘵連綿委頓臻極以大和四年六月十一日卒于輔興里之私第享齡五十有四粧奩遽閉香閣永辞逝水不迴奄歸長夜嗚呼哀哉瓊枝忽墜鸞鏡徒懸悼陽幽

明痛深泉路𠀍卜先遠龜筮告從旐旆啓行輀輴乾引即以此年十月廿九日遷窆于鳳城西之龍首鄉龍首原禮也有子五人長曰仕仟子亭判官太中大夫行內侍省內府局丞上柱國高平縣開國男食邑三百戶次曰仕備朝議郎行漳王府參軍上柱國次曰仕倜中散大夫行內侍省內府局丞上柱國彭城縣開國子食邑五百戶次曰仕僚次曰仕份賜綠或趍馳禁掖或參貳王貴或委質宮闈或優游墳籍皆形神特立雋秀當時聲掩八龍價邁三虎茹荼叩地瘠毀苫廬泣血絶漿孝侔曾閔攀號不逮靄慕罔依感切風泉哀纏骨髓恐川

成峻岳山變洪波頹刻貞珉庶旌盛烈銜悲見請竊愧謏才握管抒辞多慙漏略銘曰　易讚坤靈詩美嬪則婦道毋儀柔從淑克行摽茂範德播擇隣事上盡敬撫下推仁宜冒百祿保壽千春天胡不臧降禍兹辰宅兆何所鳳城西偏松檟云樹曉夕凝煙楊葉蕭蕭馬鬣危危芳塵漸遠朗月空垂　將仕郎試太常寺奉禮郎李約書　吳郡朱弼刻字

此誌與其次子仕備誌皆出長安仕備誌載父諱英閏此作漢潤為小異

李某妻杜氏

唐朝請大夫試絳州長史上柱國趙郡李君故夫人京兆杜氏墓誌銘并序　從弟將仕郎守宏文館校書郎宣猷撰

夫人諱瓊字瓊本京兆杜陵人後因家邢州遂為邢之堯山人焉曾祖知慎皇將仕郎守冀州南宮縣尉祖昌運皇守忻州定襄府左果毅上柱國父栖巖皇朝散大夫試左武衛長史夫人長史之姊女也笄年歸於李君明正清劭輔以材能落落焉有賢傑之操閒歲李君隨倸襄陽夫人亦來漢上宣猷與夫人別業接連得敘宗族日漸月深情同密親始予隨進士貢路出漢濱時寓夫人里第稅駕之後徒馭如歸開顏拂逕主

禮甚渥李君賢厚少事以儒書自適門內之治實夫人主之其奉夫也以敬其訓子也以義其睦親也以誠其接下也以德吹惠布明家政煥然舉是而言雖賢丈夫何以過也嗚呼材智方遠光景不借以大和五年十二月三十日薨於襄州旌孝里之私第春秋六十五明年十一月十一日安厝襄陽縣習池鄉之西挹里夫人生二女二男長女適太原王儀次女適扶風馬寧長男德元次男德章德元幼奉擇鄰之訓明經擢第釋褐隨縣尉德章休休然亦以詩禮光業今則泣血崩心若無所容先遠有期託予誌德濡毫寫悲不羞不能銘曰　杜

氏之先陶唐同源遠派摇漾爲傑爲賢夫人體之令乾
昭然身同朝露門閉幽泉刻銘片石千年万年

胡某妻朱氏

唐胡府君夫人朱氏墓誌銘　儒林郎試左金吾衛長
史上護軍明援撰　胡府君安定人其先𠫤氏於舜曰
胡公滿之後也綿歷載代英賢顯赫以元和十二年十
一月四日十七稔而終祖考名諱仕進文藻暨府君德
行名節男婚女娉悉具前誌故略而不書夫人族望沛
國累廿因時播遷今爲江夏安陸人也曾祖大父載在
家諜考諱璧游心物外守節巖阿志遂忘情不屑時務

可謂邱園奇士聖代逸人焉夫人即處士弟一女也柔
惠懿淑婉娩雍妍禮樂素諳女工夙解年及笄歸于
府君琴瑟克諧澣濯示儉質帶既恭蘋蘩式潔閨門以
睦宗族以和中饋府君之艱痛鶺枝之半折恨龍劍之
偏沈撫膺盡哀秉心全節惻愴寒暑載移於戲吉
凶倚伏幽微難明德禮弥高年齡忽落以大和六年□
寢疾明年正月十□日終于江夏郡中和里之私弟享
年八十有二越二月廿□日合葬于黃鶴山之南原府
君之塋遵曾人之祔同皎日之詩禮也嗣子眞等皆發
刃受鋒觀材見寶孝心塞乎天地而橫乎四海豈止於

泣血終喪慼涙殞絶而已䒷以援曾預嚴親之友奉命
述其盛德云銘曰　蘄巖黃鶴峯巒旁薄邐迤南岡形
勝北翔合祔舊域威儀不忒猗那夫人德禮難倫閨壼
朗澈松筠表節地久天長桂馥蘭芳桑田變海貞石不
改

古誌石華卷十七終

唐十四

崔藩

大唐故朝議郎河南府登封縣令上柱國賜緋魚袋崔公墓誌銘并序

忠信篤敬天爵也淵默誠懿者有之卿相祿位人爵也運機□□者得之至於志意脩而驕富貴道義重則輕王侯由是論之人與天一何遠哉今見之於崔公矣公諱藩字師陳魏郡博陵人也自食采受氏世有明哲于玉以座右顯季珪由屏風著或以春秋筆削自任或以嫉惡鷹隼與諠後魏定姓氏族爲第

一風流熾焰以至公大王父元隱皇朝比部員外郎王父誧華州司法叅軍父澣少府監贈散騎常侍皆以清重稱美首冠士流於戲侯王不繫其本根鳳鵷必生於丹穴公即右貂之仲子也早以門蔭補□文館學生試經高第授華州叅軍歷攝諸曹若素吏練方辯才之適用也次授鄭縣主簿未上遭內艱色憔神傷泣飲而哀衣裳外除猶杖而起久之方調授鄭縣尉不樂煩劇辭疾就選授左金吾衛錄事叅軍蘭錡□清職獲殊最以政治脩舉為樓煩陳公所辟為監牧使判官奏大理評事公勤績著群牧孳息轉大理司直兼殿中侍御史陳

公改遷又為後使使郭公邀留奏殿中侍御史遷監牧副使驊騮騶駔駿服御稍旨特加章服以報勳勞朱紱煌煌益光寵命郭公以稱望弥重非外□所堪上表薦聞除河南府倉曹叅軍秩滿調集天官又以才出九流記名宰府衆謂此時必居廊署執政失鑒除登封縣令咸共嗟歎公獨欣然之官二旬遂至顛殞大和癸丑歲閏七月三日啓手足焉享年五十有九夫仁者必得其名必得其壽宰輔不至者傳倘遥稽驗前志一何爽也公率性閑暇襟抱澄曠弱不好弄樂道遺榮自䓜至長不易其操德宗韋賢妃公之從母也恩華重沓□□□□竟

以冲退不受其榮家貧位卑靳可識矣娶河南于氏有子二人長曰□約挽郎出身次曰闍六歲與名齊戲罷輙啼傷心何極有女□人長適太原王氏餘未及笄皆泣血呼天行路哀歎季苐著檢校太僕少卿□州別駕手足情重灑淚盈襟撫孤奉櫬以其年十一月八日歸葬于京兆□□縣寧安鄉曲祔先塋也傅齊與公少相狎長相愛芝焚蕙歎吾□□□用慼生平泣而銘曰

孔周之劍不能煞人光含氷雪閇匣生塵上稽往古藝絶無隣□□□□□今辰岳岳登封深懷至仁垂髫啓手不悳其真道非偶運不執□□身為帝戚且復居

貧冲謙抑退安此沉淪緒傳萬祀孰不書紳少陵原畔
蔚木無春唯餘令德終天不泯
□陽隱士趙博濟撰

德宗妃韋氏定安公主之孫也貞元四年册為賢妃
新舊唐書皆有傳

杜行方

唐故同州司兵參軍上柱國京兆杜府君墓誌銘并序
姨弟尚書吏部侍郎鄭澣撰　嗚呼士君子表於代
而列於薦紳靡間言由己之仁義是以而又繕性於和
體道於仁遵坦衢泳天爵獨禀貞厚與令名相終始雖
位壽或舛人且許之為達矣公諱行方字友直京兆杜

陵人也曾祖諱元志杭州刺史王父諱參謨陝州司倉贈禮部郎中烈考諱倫文術政事為時龜玉異時選部第書判明廷策賢良皆登甲科價墜公論歷憲闈郎署而後出分符竹公即澧州府君之長子弱冠游國庠以明經擢第釋褐任右司禦率府胄曹參軍久之從調授同州澄城縣丞三改秩至左馮翊司兵掾以大和七年秋七月十二日啓手足于上都昇平里之私第享齡六十問於龜策得十一月甲寅吉乃卜窆于萬年縣龍首鄉龍首原夫人滎陽鄭氏祔夫人試秘書省校書郎稱之第二女操行淑明先公十年而歿有子五人碩顯顗

顧其幼小字曰老老女子子二人皆柴立致毀弔賓爲之反袂公平生於分義最明四方名人洎中外族昆弟其或旅食靈臺求選京師懽然授館改星霜無倦色閑探百家之言賦詩什頗遒麗奄□□□□人以命不可說相唶辭知公之事烈詳熟雪涕識□□□而□之其銘曰

□□□□兮昭令圖陰騭難詰兮或隆或汙精金不試兮良玉不沽清風可挹兮白日西徂野雲乇兮壟草蕪永矣潛寐兮國城東隅　堂弟前同州夏陽縣尉述甫書

宰相世系表襄陽杜氏有元志考功郎中杭州刺史

其子參謨陝州司倉參軍郎行方之曾祖及祖也表
戩參謨三子寅瀹嶠瀹水部郎中澧州刺史郎行方
之父諓倫爲瀹行方及其五子之名皆表所未及撰
文之鄭澣乃德宗時宰相餘慶之子大和七年十一
月爲癸丑朔葬以甲寅月之二日也

環某妻程氏

大唐鄜坊丹延等州節度軍前討擊使銀青光祿大夫
檢校太子賓客上柱國北平環公故夫人廣平郡程氏
墓誌銘　王玠撰　夫人爰自閨幃素聞令淑以秦晉
之疋叶琴瑟之和聘于環公二八載矣公門館洞開賓

賓日至長林之下蕭灑淸風曲沼之傍丰茸細草或臨流而笑語或對酒以笙歌飲膳足供罍罇不燥兹乃夫人有中饋之德副君子好士之心上客翕然衆口談一不亦美矣不亦罕歟豈圖積善無徵忽搆斯疾狂飈震激緣樹摧芳於戲四鄰傷慟哭之聲丹旐慘高懸之色弔賓盈路孰不嘆嗟實乃夫人之節行也夫人則大和八年五月廿八日終於鄜州洛交私第享年卌有二女子廿四娘號泣無時悲哀詎止則以其年六月廿四日權厝于鄜州洛交縣西北八里廟原谷之口禮也於戲貞石永存厥銘不朽代述其事慘然筆端其銘曰　昕

期偕老何乃忽分哀哀慟哭逝者寧聞其一忠心是思無
休歇時人來鬢解容去還悲其二生前所執于此威儀夜
臺長閉冥路何之其三音容永謝靚覿無因鏡匣粧奩但
委埃塵其四拱樹森森旌竿孑孑淚滴草頭露珠和血其五

劉崟

唐故楚州兵曹叅軍劉府君墓誌銘并序　進士員炎
撰　公諱崟字子高望美彭城家寄京邑曾皇祖祢德
行咸高仕位佳政屬干戈亂動告條失遺略而不言公
青春懷橘白面凌雲出事公卿奏成品秩解褐任洵陽
縣丞才繼陸安政敷五德次任寧國縣丞上司勒留下

士遠慕雖不親臨百姓才亦播顯多能三任楚州兵曹
位亞題輿道葢熊軾館驛事集戎旅獲安公累任淸肅
上考成高第應遷有殊何壽年不永大和八年七月一
日逝懷德私第享年六十有二仁兄悲切痛失鴒原拓
弟浦陽縣尉□列職度支不復同衾鄉堪異鄉夫人趙
氏頓罷鼓瑟晝哭悴容德繼敬姜聲齊孟母嗣子歡郎
年才志學閔焉少孤擗踊號天未能主葬女三人長適
楊族次居□年季在襁褓非惟親戚慘愴實亦行路悲
傷子壻楊氏□報秦山之恩淚送逝川之落室又泣血
難報罔極□□□石紐農意焉以大和八年十一月廿

六日葬于長安縣口口鄉宅窆礼也恐陵谷遷變乃刻石為銘辞曰永壽　楚楚劉君刀筆凌雲友于難繼善政易聞兩贊大邑一椽理君身殁名揚不朽蘭芩棣萼斷膓孀妻晝哭雅合更柴如何不禄墳起壙野殯毀華屋天然隆崗長埋片玉長女佳壻祖奠潸然下淚即日霑恩早年安魂紀德万古稱傳

近人只牘稱仁兄哲弟又俗謂婦翁為泰山觀此誌則自唐人已然不獨丈人峯之說見於宋人載記矣石紐農禹事也上缺三字不知何以牽合及此標題處墓誤作慕志中室又泣血當是室女之譌

安某妻吳氏

安君嬪吳氏墓銘并序　處士胡季良述并書　□□

標于史冊關雎著于詩首即今方古一貫也安君令嬪渤海吳氏世業儒奉道為鄉閭之令望以夫人少為淑女長為孝婦終為嚴母全之也□吉人為善惟日不足以大和九年□月五日終于烏程縣臨苕鄉之私第年五十有三比盛年則非夭折方眉壽則痛青春即以其年五月廿八日葬于霅水鄉仁王寺之西安君感其賢淑克遵蒸祀買石誌德紀之文有子曰師敏承□保終于禮也石□文以□詞曰　仁王山兮寺西園孤墳寐

寐兮閉荒原思婦德兮黯黯孤墳平生義□兮片石誌
言

王仕倫

唐王府君墓誌銘并序　戴仁而處抱義而行者即琅
邪王府君諱仕倫字文迴其先晉右軍一十□代孫也
曾祖璆祖恩皇考艮忠貞不仕公春秋五十有七以大
和九年六月廿二日終于暨陽之私第嗣子宗志次子
劉老稚年荼毒泣血絕漿以當年八月廿九日葬于故
朱夫人之同塋所也山連藥王之岡地□建興之壟且
離城郭不逾一里去人煙十步有餘焉恐山川遷變乃

刊石爲銘　賢哉哲人抑抑秩秩無嗜輕佻好求之質云何積善而遺斯疾悲古青松哀辭白日万古千秋於焉永吉　鐫人武都章武及并書

劉某妻辛氏

唐故平盧軍節度押衙兼左廂兵馬使銀青光禄大夫雲麾將軍檢挍國子祭酒兼御史中丞上柱國食邑二千五百戶劉公夫人隴西辛氏墓誌銘并序　文林郎大理評事寇可長撰　夫人辛氏隴西郡人也父諱行儉夫人即府君長女也聘于彭城劉公公不幸早薨夫人禀山嶽之粹靈受人倫之大福博行而多聞發言而

合禮素德全備淑慎威儀迨於姻親俯仰咸若挺霜操
而馳其聲彙女功而發其譽夫人六十有六以大和九
年秋七月廿日而薨夫人有子二人長子平盧節度衙
前都虞候雲麾將軍試殿中監上柱國克勤次子節度
散列將克恭生女一人曰引子等哀毀過禮杖而能起
乃扶護靈柩當年冬十月七日祔葬于青州益都縣永
固鄉廣固之里以先塋不利故別遷宅兆西據于麓倚
山邱之崇秀東極于流南眺青山北臨於郡仍書銘于
墓內曰　白玉無瑕青松有節德儀咸備行階先列弃
塵世而歸天流芳華而不歇蒼茫野色雲悲鴻咽林樾

檝兮悲風光娟娟兮夜月

馮倫

唐故馮府君墓誌銘并序　府君諱倫字寰周長樂人也曾思促祖炎父璋俱養性邱園高尚不仕府君即璋第二子幼而簡約長而宏雅恬然自處不趨世利禮則凝重器宇沉深雖榮之與辱不能動其色忘言得意忻忻如也輕財重義博識多能理性內融徽猷外發男丞造立身恭謹色養兢兢二女令淋有聞各娉他室嗚呼斯人不保遐壽少乘攝衛伏枕弥旬藥術無徵奄隨風燭以大和十年八月一日終于私第享年七十府君歿

也陰雲暗慘鳥雀悲鳴至理元微天何可問男女迷謬叩地號天閭巷傷聞為之憖默夫人陳氏蓬首灰心沉哀骨立徒想瓊田之草無復返魂之香以其年十月十五日葬于江夏長樂鄉射亭里之原禮也北背黃鶴之嶺南瞻八口之峰恐年代浸疎州原變易刻石記事永將不易辭曰　日月至明尚有盈缺邱山至壯尚有崩裂感彼馮君隨波生滅時惟孟冬析析悲風凝陰蔽野苦霧霾空敬勒斯誌千載無窮

劉源

唐彭城劉府君墓誌　潘圖撰　君諱源字文宗先齊

王之苗裔也遠祖商漢中書侍郎祖壹唐林泉不仕父興田園放居古之君子也周秦之世晉宋以來徙從吳郡海鹽勝邑樹德樹居不仕朝廷隱從□□嗚呼以開成元年十一月二十五日卒於私第以其年十二月庚寅朔十九日甲寅葬於海鹽縣南三里地號烏夜鄉名海鹽其塋也長松藹日青楓倚天其所也東流滄海西接甘泉南枕秦山之隅北抵武原之地君壽也六十有二娶河南司徒氏生三子少伻少通少平其子立也雖未闇闔之途有懷謹終之孝日月逝矣歲不我留勒石記之用存今古其詞曰　野霧蒼蒼寒郊茫茫猗歟劉

君俄遭夜霜下缺

葬以庚寅朔十九日當是戊申廿五日方為用寅

陳韞

唐故處士潁川陳氏公墓誌銘并序　鄉貢進士武陽李乂撰　陳公諱韞字韜光西漢太邱長寔之遠裔也曾祖晏祖□先父澄偕高蹈不仕浪跡人寰以處默為輪輿以軒冕為桎梏教垂嗣允德冠我公作隱遯股肱為□山浚峭峻義方而親屬不閟宏心計而資給豐饒利用身安降年有永故春秋七十有八矣所宜溢斯上壽□有中庸誰謂劍沒延津珠貽淮水以唐開成三年

二月二十七日寢疾于江夏縣之私室即以其年四月
七日歸祔于順化里黄鶴山麓之先塋禮也夫人譙郡
曹氏先公三祀而没有一子□立毁瘠綿頓幾不勝哀
服勤經營面垢不洗□□□有禮踊慟而行路無聊
仁孝光□以□父□二□□滎陽潘氏婦儀母道自彼
抑揚豈不性□□沿□□有自於戲言猶在耳音容已
緘哀感臨岐誰無怨恨乂以曾蔭德宇忝識前脩實録
遺芳刻於貞石銘曰　□德門所嗣兮退藏是先名與
身孰親兮道在保全福壽所資兮天降永年遺芳不朁
而蒸蒸乂□□□□兮□□□前

劉元質妻姜氏

新平公主女姜夫人墓蓋　故天水姜夫人誌銘　大唐故駙馬都尉天水姜慶初女適故殿中侍御史劉元質享年七十三於開成三年十月一日殁于鄂州私第以其年十二月廿一日權厝黄鶴山南原禮也懼陵谷之多變故為斯銘用紀悠久之祀

新唐書公主傳新平公主元宗女常才人所生下嫁裴玲又嫁姜慶初慶初得罪主幽禁中薨大歷時

鄭宏禮妻李氏

唐故李氏夫人墓誌　張元審撰　河陽鄭宏禮適妻

李夫人以開成四年三月十四日終于室夫人祖諱海父諱士安隴西郡人也天資柔順能克己以惠人有四女丞登三和娘子皆絶漿不食夫人享年卌以其年四月壬子朔十日辛酉殯於太平鄉西汭村北卌五步高岡之前其地前引後從中如堂安殯必固恐桑田變改迺爲銘云　葉落歸本生順自然泉臺寂寞來路無還

是誌原文凡三百字敘次蕪雜殆村學究所爲也今爲删存其略

趙某妻吴氏

唐山南東道節度總管充涇原防秋馬步都虞候正議

大夫撿校太子賓客上柱國趙公亡夫人譙郡夏侯氏墓誌銘并序　鄉貢進士唐正辭撰　夫人之先譙郡人後移貫深州樂壽縣昔武王尅商封夏禹之後於杞列爵爲侯伯厥後因爲夏侯氏漢有滕公諱嬰佐高祖定天下子孫益熾冠冕弥盛國史家傳粲然可觀曾祖諱載滄州長史祖諱璀試太子詹事滄景節度都押衙考諱萼試太常卿充冀州南宫鎮遏兵馬使皆究材茂器移孝爲忠夫人紹餘慶於千年傳遺芳於三代備謙柔之行稟純淑之姿舉不違仁動皆合禮旣笄年之歲歸于趙氏克叶關雎之興允諧鳴鳳之詠趙公以文武

全才述職戎府公家之事不遑㞌寧夫人內睦姻親外
承賓客輔佐君子清風穆然斯不謂之賢哲之行歟期
天降鑒介以眉壽魚軒象服夫貴妻榮為龍為光焜燿
閨壼何圖年始知命奄歸下泉積善無徵吁可痛也以
開成五年六月廿六日遘疾終於襄陽縣明義里之私
第享年五十趙公惣戎涇上式遏西蕃王事靡盬瓜期
未至夫人瞑目之際不及撫床之哀窀穸之辰莫展臨
棺之慟人之知者孰不為之傷嘆焉以其年十一月癸
酉朔廿四日甲申龜兆叶吉葬于襄州鄧城縣劬湖村
之東崗禮也長子宗立當軍劇度散將次曰宗本鄉貢

明經次曰宗元次曰宗式咸禀慈訓且服教義宗立宗元侍從防邊宗本宗式躬護喪事必誠必信禮無悔焉爰以夫人德行來請銘誌琢于貞石庶千載之後徽猷不忘恭副孝思乃為銘曰　猗歟夫人植操無鄰孝由天性義冠人倫德行聿脩徽猷日新如何不弔奄謝芳塵展矣良夫護塞從軍宅兆有期歸路無因樊城之陰漢水之濆卜得鮮原巘起孤墳秋草萋萋逝波沄沄德存于石磨而不磷

道光元年秋襄陽大水圻北岸壞古墓得此誌及梁嘉運誌海豐吳君移置鹿門書院誌中總作惣冠作

冞粲作粲萼作萼允作宄純作紽求作求厎作厎壺
作壺圖作崮岡作豈喪作喪琢作琢操作㩗

馬亘

蓋誌銘祔志 額篆書 祔志二字正書 唐貝州永濟縣故馬公郝氏二
夫人墓誌銘并序 公諱恒父諱遷其先扶風郡人也
昔馬融注解累代欽崇風後裔因官徙居甘陵郡乃祖
乃父遂為永濟縣人焉公以禮為慶以德為車衣著篇
章飲食經籍謝家鮑氏羞當章句之流恥也文學之列
金石為節松竹表貞乱代逃名庸君隱跡懷寶不仕韞
道迷邦於是通德互門仁者為里嗚呼天不憖神莫見

祐元和七年七月廿一日寢疾終於沙邱方私弟也享
年卌十時也日月無光雲天慘色閭巷遏密行路傷嗟
擢殯縣西一里先夫人松蘿靡託葛藟無依結誓指於
柏舟空淚流於斑竹以開成六年正月十三日与二大
人遷塟於故塋礼也仲子口口盡口以竭家貧因為遷
祔恐陵易改刻石為紀　平生志貞松筠表節堅列金
石潔白永世口遍乾坤光連子孫輝赫三代榮慶一門
道蓋口宇名彰四海天何奄禍於幽魂骨肉永閉於長
夜何時再覩明昏

是誌篆額止墓誌銘三字下別刊祔誌二小字爲墓

志所創見逃恒之卒有日月無光閭巷過客等語殊非載筆之體又如亂代逃名庸君隱跡云云語多晋時且字句亦多脫誤累代欽崇下多一風字恥居文學之列誤居爲也通德高門誤高爲互天不憖遺脫遺字享年卌十時也十當作是陵谷易改脫谷字何時再覩明昏六字不成句與上夜韻不叶此必當時不學者所爲也公諱恒避穆宗諱缺末畫權殯誤作摧殯堅勒誤作堅剄亂世避太宗諱作亂代

僧常俊

唐故鳳光寺俊禪和上之墓銘 并序

和上諱常俊俗

姓張氏淸河人也皇祖琟皇考李即李之第二子丱歲
出家年齡七十僧夏卌奄自會昌元年五月十五日示
疾殁世以其月廿六日遷柩於常州無錫縣太平鄉□
村東一里官河西八十步張宗祖墓中卜其宅兆庚首
而安厝之禮也有門人文則元通伯昌族兄秀姪令容
等愁痛哀摧涕泣交結恐陵谷遷改桑田變移塋域無
徵乃刊磚而為誌銘曰　禪宗內紐法印心結永弃浮
生歸乎寂滅

古誌石華卷十八終

唐十五

趙某妻張氏

唐趙夫人故河內張氏墓誌銘并序　鄉貢進士沈檜撰

夫□□□□□通□皁□与廿俱行孝敬存家令德彰茂夫人河內郡□□雲陽人也夫人幼閑軌則門望之崇既笄之年歸于天水趙公之□□夫人女宗母教勤叶禮儀處室也功容允明辞家也德言咸備四□□□□□□道于何有方期地鳳皇之吉頌螽斯之宜內外□□□□□□何以□□沈□大夜將奄時

春秋五十□□以會昌三年歲次癸亥正月廿四日終
于長安延壽坊之私第趙公家世儒流夙闢風雅四男
成長二子娉室兩女有家長男師□□□府□□州□
陽縣主簿官貞政理鍾鼎是期次男師孜師□師運皆
□以□力□□曾叅廿旨不爵長女幼適河内張□正
定遠將軍前光王府曲軍次女早適樂繁任濠州□□
縣尉並温温潤德□睦謙柔送往慎終僉悲薤露即以
其年五月廿六日窆于京兆府長安縣小嚴村之原礼
也恐陵谷遷變家世湮淪故刊于石以誌綿邈其銘曰
洎乎有歸逝于德輝令望益著纖□□□孤貞四被

天不憖遺誌彼泉石名留不磨　安子書　宜郎篆額
閏郎刻字

包某妻張氏

唐處士包公夫人墓誌銘并序　夫人姓張其清河人也皇父諱隣夫人生有妍姿長終言行包君前娶義陽朱夫人而生四子不幸朱夫人中年下世及終喪親迎娉夫人爲繼室敬愛均乎長幼周旋廣備親疎撫育前男恩逾己子嗚呼夫人行年六十有六以會昌三年十月九日奄終錢唐縣方輿鄉之私第包君以再傷齊體追悼何心盡禮居喪卜時將葬前男女哀慕無容以其

年癸亥十二月十二日丙申葬於履泰鄉之高原禮也恐陵谷以變更托斯文之可銘曰　噫夫人兮倏忽流年□□□兮冥冥荒原慘慘靈谷悠悠夜泉未□□□歸于此焉

兩浙金石志云乾隆癸丑年西湖人掘地得之今藏仁和趙魏家誌中其先清河人也曉先字思通已子通當作過哀墓無容墓當作慕陵谷以變以當作易前許洛仁妻宋氏誌書誌作鋕此誌云托斯文之可詺書銘作詺誌銘二字言金互易皆好奇者所爲也唐人避丙作景惟李文誌及此誌丙申丙字不避

馬紓

唐故銀青光禄大夫使持節蔚州諸軍事行蔚州刺史兼御史中丞馬公墓誌銘并序　朝請大夫使持節汾州諸軍事守汾州刺史楊倞撰

公諱紓，字無畏，扶風平陵人。曾祖行炎，嫣州刺史。祖千龍，平州刺史。父實，右驍騎將軍、御史中丞，並有功幽薊，書勳竹帛。公即中丞第廿五子，幼有奇節，性惟聰悟，見古名將勳業之事，未嘗不廢書嘆憤，沉吟久之。身寄河朔，志藩王室，欲變風俗，期乎坦夷，遂委質戎府，累遷魏大將。自天寶末，胡羯爲亂，雖克勦□□，翻恣驕兇，以故將帥帶州連郡，朝貢罕至而魏博諸田相繼立元和中上以文德武功定叛亂雖魏帥詐順尋亦如舊大和初滄帥李全略死子同捷盜襲其位先皇震怒徵兵討之魏帥以封壤連接潛相應援時中書令裴公掌兵柄謀持魏事以公才辦爲戎卒知每有奏請獨當其任遂申密款於裴公天子嘉之乃大張皇威深述聖旨開向化之福戒覆巢之危帥立歸誠未幾王師大捷而同捷就戮萬夫解甲兩河肅清公始謀之力天子以公忠果可任大事拜左武衛將軍後出爲寧州刺史在郡有聞堂帖赴闕拜右領軍大將軍至開成中博陵更帥丞相進□取可繼作者以蔚

為□鄰□易遷就乃拜公蔚州刺史兼御史中丞洎申謝文宗皇帝臨軒歎賞面許重事以遣之既牧安邊公綏戎以德撫下以恩野無南牧之虞俗諭東里之禮三年去任執轅遮道者□路蔚人思公令德日□聞於廉帥廉帥聞於朝廷又拜蔚州刺史□□□疾尋□西河上聞之惻然候疾愈方授以大柄神不庇善以會昌四年三月十日終於所寄之第享年五十六嗚呼才長壽促志遠途窮□廣所以為有識所歎公兩妻裴氏張氏皆名族生一男二女男補太廟齋郎娶徐氏次女適裴氏長女在室即以其年七月十日歸窆於關中少陵原

祔其先塋合元妃之墓禮也銘曰　皇道熙熙天寶末盜弄干戈自胡羯獊帥死兮有餘㭊魏爲親鄰志相活河海橫流馬公過濵盜亟誅天波閭忠義克彰遂聞達天子臨軒歎賢傑將委邊陲口勳烈將分符竹後口鉞眪理蘇息無飢渴才有餘兮志未豁長衢方騁摧輗軏彼蒼者天何謁謁嗚呼馬君道消歇中壽未登神奄絕唯有雄名流不竭

誌中裴公謂裴度也是誌宋時出土趙氏載其目於金石錄阁氏採其文入古刻叢抄

王文幹

大唐故中大夫行內侍省內給事員外置同正員上柱國賜緋魚袋王公墓誌銘 并序

通直郎試大理評事趙造撰　鄉貢進士蕭睦書

公諱文幹，字強之。其先即秦將翦公之洪裔也。自時厥後，子孫宗多，文能出羣，武蘊異略，負則善厲其將，義乃下筆成龍，功業居高，名施於後，秦霸天下，斯皆王氏之力也。遂使高秋朗月，瀚海澄波，諸族雜儔，家世雄盛。皇朝中散大夫內侍省內侍賜紫金魚袋奉詔和蕃使兼西北庭使諱奉忠，公之曾王父也。德重名高，情見義立，西戎斂跡，不敢東闚；北狄戢羣，不敢南牧。內侍省內侍賜紫金魚袋內弓箭庫

使奉天定難南朝元從功臣諱英進公之祖王父也義
勇冠時見危致命親承聖旨獨步中朝右神策軍散副
將雲麾將軍試殿中監奉天定難隨駕南朝元從功臣
諱臣端公之烈考也功高位下命不待時慶流有徵果
有令子榮高處厚德挹雄圖公即雲麾將軍第三子也
憲宗踐阼時公年始童舞入趍紫闥出踐丹墀敷奏詳
明擢為俊彥遂拜供奉官恪居官次務謹去奢臨事無
渝為官不昧斯乃冲天逸翰出澗高松錫以朱紱之榮
帶以銀璋之命改梨園判官奉八音之禮專五菓之名
藝就日新功勤益著遷鷄坊使翦拂珎禽在鬬自我羽

貢奇特利用絶羣毋竊餙名譏之與延轉宣和殿使載
離寒暑日往月来毋侯鑾輿晷刻無失金石磨而不磷
璧玉琢而弥堅改軍器監判官專任武庫奠體有程榦
苛必時實謂戎備尋遷左神策軍宴設使庖厨有節饔
餼無遺脩饌必善於精華宴飲賓懃其醉飽鎮幕歌晲
坊扃拖留拜同官鎮監軍地居畿甸鎮壓要衝路接塞
垣命之監理虬龍豈與蚯蚓為伍鸞鳳難可枳棘長栖
時當用才俾之容侍依前充供奉官使於四方善能專
對利於一事冈不克堪未幾息車改栽接使公墾園樹
蒐殖地生苗供億猶勤庶事無闕有司惜才戀德公乃

布義行仁開成五年詔遣充新羅使拜辭龍闕指日首途巨海洪波浩浩萬里一葦濟涉不越五旬如鳥斯飛届於東國王事斯畢迴檣累程潮退反風征帆阻駐未達本國恐懼在舟夜耿耿而罔為魂營營而至曙嗚呼險阻艱難備嘗之矣及其不測妖怪竟生波滉瀁而滔天雲靉靆而蔽日介副相失舟檝差池毒惡相仍疾從此起扶侍歸國寢膳稍微藥石無功奄至殂謝享年五十有三會昌四年歲在甲子夏四月蓂生五葉日終于京兆萬年廣化里私第雖違三月之期終遂九原之禮是歲冬十月十五日葬于鳳城東龍首原禮也嗟乎命

□不偶李廣豈遂於封侯臯在官門士衡終聞於歎鵬
□婚于滎陽鄭氏克諧琴瑟相敬如賓有子三人男曰
義仙義立女適齊郡史氏孤子銜恤茹荼哀踴罔極恐
田成碧海谷變為陵片石未鐫防墓何辯用憑不朽之
石以誌永存之詞銘曰　猗嗟大夫短折不祿歷事五
朝白珪三覆賈誼促齡士衡歎鵬許國一心居家可理
善則稱君過則稱己君臣道合如魚如水嫉惡如讎見
善必遷愛如冬日畏若夏天臨官廉平無黨無偏奉命
由使汎海東夷洪流滉瀁陽烏攸危大波汨起天地變
移王事斯畢車騎肆迴臨達本國魑魅為災幽魂何往

游岱不来聯綿經歲四體轉衰辞息處順闔門銜悲吾將安仰哲人其萎美玉永沉寶劍斯析聖心哀慟孤子泣血福祚長存息光無歇

誌敘曾祖至本身蓋四世爲內官矣王父上加祖字贊文也唐書百官志閑廐使有鵰鶻鷂鷹狗五坊以供時狩而無鷄坊此云遷雞坊使翦拂珍禽是司鬭雞之職者唐六典有司苑掌園囿種植之事此云改栽接使卽司苑所掌新唐書東夷傳載開成五年遣新羅質子及學生歲滿者一百五人還國誌云充新羅使泛海遭風受驚成疾蓋奉使護送時事也

尹澄

唐故尹府君朱氏夫人墓誌銘并序　曾□祖從家狀

官告墜失不叙府君諱澄其先望在天水貫居秦州後

子孫分散各處一方今權居孟州即為河陽縣人也公

為人端耿量雅恬和与人結交千金不易一言道合鴟

馬不追遠近欽風風花城共美奈何積善無慶天降其禍

去開成四年告終于私第春秋六十有七夫人朱氏即

世廣陵郡人也笄年秦晉疋配婦于尹氏之門婦道禮

儀不虧晨夕之孝接事舅姑能善能柔和睦六親鄉閭

傳礼奈何大運將至卧疾連綿千方無效万藥無徵昬

託聖賢其疾不愈以會昌四年十月十九日終于私室
春秋六十有三男女七人長子宏慶新婦王氏次子宏
禮新婦戴氏次子宏簡新婦賈氏次子宏雅新婦王氏
小子宏殺未婚長女十四娘夫張氏十五娘歸閻氏嗣
子等非法不行非禮不動□□焉有丈夫之志兒女等
叫天泣血五內分崩稱家有無將營塋事卜得會昌四
年十月十八日塟于孟州河陽縣安樂鄉塢坎村礼也
恐年代久遠陵谷有遷刊石為文乃申銘曰　嗟乎尹
君生為哲人言無過失花城共聞千金交結恩義長存
招賢納士禮法芳新嗟乎尹君沒為異人嗣子擇地安

厝神魂千秋万載宜尔子孫

是誌乾隆間孟縣城内鑿井出之其稱權居孟州郎爲河陽縣人又曰葬于孟州河陽縣河陽升爲孟州在會昌三年此係四年正其初升之後故有是稱也誌中終作殁關作閞小子宏殸殸字疑即殷字別寫

陸某妻何氏

唐故陸氏廬江郡何夫人墓誌銘并序

大唐會昌五年乙丑歲孟夏之月廿一日夫人終於家春秋六十有八祖諱真父諱口口其先廬江人也夫人幼習女儀長有令譽初笄之歲匹于陸君肅肅雍雍如琴如瑟嗚呼

不同偕老陸君不幸而先逝夫人所生一子元慶幼而
習禮頗識義方承順慈顏曾無怠色水漿不入杖立營
葬以所卒之年莫秋之月乙巳朔廿六日庚午遷奉於
華亭縣西北二十三里陸氏故山□□□□□夫之地
以遵生前之命今慮歲月縣邈林摧隴隳刊磚立銘周
表系以銘曰　嗚呼浮生如露如電平生玉容無由再
見精魄□散形體□□□□慕鄉親子淚雨

魏邈妻趙氏

唐故宣州功叅軍鉅鹿魏君夫人趙氏墓誌銘　并序

前延州防禦衙推文林郎試左驍衛兵曹叅軍王儔撰

公諱邈字仲方出本云秦故魏為鉅鹿郡也後徙家于山南今則洋州興道人也昔周建侯王是稱盤石國命良相謚曰文貞公自枝派初分導自洪源之注蘭蓀並根時為銓藻之芳祖賓父朝隱皆敦儒行諒識宏深高樂園林自求野逸公孝達參閔學茂游夏稟志孤貞絜行端操須因入仕多為台鼎廉察之知累以德藝精粹聞於天庭始奏授懷州參軍次選授果州司户參軍次任婺州司功參軍次任宣州司功參軍凡歷四郡皆以直道佐理惠洽優人官賴其能民愛其福以玆樹善既至必獲神休豈期天喪貞良倏延荒瘵乃針石靡効

賓齡益乖奄忽俄然盡爲松檟是則逝波湮沒而不還
風燭泯光於殘夜以元和九年十月十三日不禄于任
壽年五十有五即十年四月護歸京兆窆于萬年縣洪
固鄉北韋村北原也夫人天水趙氏考皇任務州長史
昇之仲女也少習師保内則素彰懿淑茂儀柔順芳婉
而乃失翼凌虛亡舟涉濟孟母彼美敬姜謂歟以會昌
四年冬偶嬰微疾殆逾累旬冬爭水魚日無不至十一
月十五遂殁于延州豐林縣之私第享年七十有五今
以五年十一月廿三日護喪祔于萬年縣洪固鄉北韋
村北原禮也有女四人長適皇甫氏次適李氏次適侯

氏幼適王氏並早閑保傅克就柔儀女德婦功怡聲婉娩或逝川不返或婦言益嘉雖女史無□亦家誡自□有子三人長曰齊貢前任延州豐林縣令次曰岦贇前任劍州青女縣主簿幼曰文質任□州永泰縣令俱以簪笏宦途學行清敏政則洽民惠乃周物自□□□負泣血絕漿號護牆翣毀疾終制及靈車南邁哀戀北堂禘嘗之儀晝暮增潔竊以鴈行式序祈誌永年土木非剛刊石為事儔每媿孱薄沖讓未獲辱命染翰為詞頗難銘曰．　黑水之西終山之北厥土上上人惟溫克鄴謂之先秦風是則簪笏斯繼其儀不忒淋慎佳美咸曰

貞廉婦禮弥著母德式瞻家以議從子以道譙未獲榮
養奄弃恩嚴豈曰盛衰抑奪人慾千載之後悲此山曲
魏邈墓其子匡贊已誌之矣此誌爲其妻趙氏祔葬
而作題曰魏君夫人墓誌而前幅叙邈官履甚詳則
仍爲合葬誌也匡贊誌云授懷果二州叅軍皆未上
而此云丹歷四郡皆以直道佐理所載已失其實又
匡贊誌載子三人長卽匡贊仲曰文質季曰齊貢而
此誌則稱長曰齊貢次曰匡贊幼曰文質兄弟之序
顛倒至此作者偶誤其家人亦不更正何也匡贊誌
載女三人而此誌則曰有女四人長適皇甫氏又爲

匡贊所遺一家之事二石互異考据家欲據眾手共成之史辨論千古得失不亦難矣哉誌首所稱文貞公乃唐初相國徵也誌中振作桭儒作𠐦粹作粋寘作寘剛作剛號避虎字諱作彪世𠁽字以避太宗諱缺筆

周文遂

唐故汝南周府君墓誌銘 并序

君諱文遂字道從祖諱品先父諱通君即通之長子也幼讀儒書長而習禮弱冠之歲咸譽所知内孝姻親外穆僚友不能苦濫于季酒乃綰職于監司三五年間榮譽可奬何期未申公

表奄弃壯年嗚呼霜劍摧鋒鳴琴絶軫春秋卅有五大中二年三月十五日終于天長之私館也以其年十月廿九日祔于先祖妣王夫人列域以為宅穸禮也娶宏楊氏恭孝內諧譽案從禮一子三歲名曰小君令弟二人曰文遇文造恨鴒原而遽絶誰濟急難桐荆幹摧鴈行何續敢忘兄友銘誌弟恭固請長詞用彰後紀者焉

銘曰　嗚呼周君世命奚促三十五歲禍來衝福手劍摧鋒身紳弃玉欲濟舟傾風前失燭一旦歸冥百齡何贖千歲之中再生王國

兩浙金石志云在海寧周進士春家金石萃編云石

親不當言丙孝若瀫宇不可解外穆僚友穆當作睦
娶宏農楊氏脫農字譽案從禮譽當作舉

王守琦

大唐故王府君墓誌銘篆蓋　唐故正議大夫行内侍省内府局丞員外置同正員上柱國太原縣開國男食邑三百户賜緋魚袋王公墓誌銘并序　將仕郎試右監門率府録事參軍劉景夫述　公諱守琦父皇任朝散大夫充内酒坊使諱意通之第九子也公早朝禁掖旋授爵恩配賢父天寔遇慈昊訓以文藝卓以詩筆教以溫常誡以廉克仁德播於流譽特選名於肘掖恪恪

奉主孜孜在家貞清絶邇於古賢硎聽全逾於往哲斯
可爲天之祐也故得常居寵秩朱紱銀光握恩不替於
先宗煥彩貴暉於後嗣貞元十二祀入仕大中三載退
歸私第因寢疾崩於歲十二月十五日緣久居崇秩先
塋稍隘爰於舊墳西南隅捌建新塋凡伏以先墳高聳
碑秀峨峨族裔具書此不刊之公先夫人張氏早亡附
在大塋嗣子四人長曰從祐遄而往逝亦附大塋今夫
人謝氏追念前恩怨嗟甇後哀慟過於班家調訓同於
孟母今至孝男允實次曰從盈又次曰從泰等嗷嗷血
淚逾甚高柴啓視晨夕 殊邁曾晳生事已畢葬事將塋

宅兆占晨門刻大中四年正月廿三日禮葬鄉曰崇義村号南姚士事銘詞因斯建也銘曰　彤彤王公穆穆和恭侍親以孝事君以忠四科畢備書釼全切能章禮樂能揚國風少承光寵暮乃將退居上共宗居下共愛身發名章魂消譽在釼鏡人仁孰不欽賛

誌中兩用傒字一云煥彩實暉於傒嗣傒當作後一云怨嗟煢傒則傒又當作獨銘詞中兩用釼字一云書釼全功一云釼鏡人仁字書釼音日鈍也與此文義不合當是劒字別寫天子曰崩諸侯曰薨薨字尚有通用者此誌書卒曰崩則妄甚矣文首云父皇朝

某官諱某之第九子也父字可省又被授播拓握楊凡從才之字皆作才權恩不樹謝應從言此亦作才仁德播於流㝉言仁德遠播如水之流如山之㝉然而高也葬事將塋塋當作營吉晨用刻晨當作辰用字缺筆與僧恩恒志同刻謂選日也

陸瑛妻孫氏

唐陸君故夫人富陽孫氏墓誌銘并序　夫人吴大皇帝十九代孫德之女也令淑有聞名傳四德笄年歸于陸氏君名瑛有子三二男一女長男宏詵次曰宏諧並未有所娶女則初笄之歲未有所歸夫人以大中四年

遘疾百藥無徵千靈靡究即是歲仲夏月三日而終春秋五十有七男女號踊泣泐摧咽親戚悲噫日月逾邁龜筮協從於其年季秋月末旬八日而安厝富陽縣西卅里上黄山墓然而禮葬則南登極峭北達長衢東西即富春孫氏之山矣中慮年月將寖故别塼記其誌銘銘曰　穆穆夫人名傳四德染疾不愈沒歸泉路蒼芒山谷冥冥九泉恐年月寖誌銘列塼　唐大中四年九月廿八日記

兩浙金石志云錢唐嚴杰見居民掊土得之手拓數紙仍令掩埋原處誌中歸作歸瑛作瑛靈作靈泣血

誤作泣洫龜筮作龜筮銘詞起四句無韻

朱某妻樊氏

故右内率府兵曹叅軍朱府君夫人南陽樊氏誌銘并序

序曰南陽之後軒冕嗣世最為國内所稱曾祖釗

皇明經出身泗州連水縣令夫人連水嫡女有兒一人早逝唯獨子立未登弁歲帰於吳郡朱氏二紀輔佐不幸居孀志在撫育悉知禮義皇天不祐大中四年七月廿日薨建業鍾浦之舊苐春秋八十有一以其年歲次庚午十月乙巳朔十日甲寅合祔兵曹於鍾山之南善口里禮也夫人遺息二人女二人長圓郎將仕郎前守

淄州鄒平縣尉次散郎拔衆斂利迴戰史□□曰先鄉
廿一娘適□□衛兵曹參軍琅邪王鎰廿二娘適前太
常寺奉禮郎穎川陳訒嗣子等泣血號叩感而為銘勒
于貞石行焉銘曰　煒煒煌煌消漢貽唐磊落軒冕連
綿琳瑯令則和睦于何居孀提挈撫育歷鐘經荒馮以
積慶福壽無疆天不惠垂玉潤迴藏金爐歇焰寶鏡休
光嗣子泣血孝女絶漿卜吉遷窆鍾嶺之陽楨柏森森
永刻嘉祥　男圖鐫三字篆書

誌云曾祖釗為連水令又云夫人為連水嫡女則連
水當是其父之官曾祖釗下脱去祖父二代又載男

二長曰圓郎次曰散郎誌後又有男圖鐫三字疑圓

郎卽圖之小字

古誌石華卷十九終

古誌石華卷二十　　三長物齋叢書

唐十六

劉某妻郭氏

大唐魏博節度别奏劉公故大原郭氏夫人墓誌銘

夫人太原盛族遠祖因官遷居於大名今爲魏郡人也三代祖並轅門上將名冠古今勳業俱高不可具載父君佐使宅親事兵馬使押衙以弓裘飾身文武不墜守忠事上信義居懷可謂丈夫矣夫人卽押衙之長女也以初笄而歸於劉公在家而令淑有聞出嫁而四德克備吁上天難問脩短不容不幸以大中六年五月十二

日終於府元城縣慕化坊之私宅也享年廿五矣嗚呼父母腸斷良人痛心生死路殊龜筮叶吉以其年閏七月九日遷柩於府西南五里貴鄉縣王趙村祔先塋禮也慮邱壟之更變故刋貞石爲銘其詞曰　婉娩柔儀言容和茂婦德可觀進退可度上天不均掩同薤露大魏西南良玉瘗土萬古千秋永扃幽戶

閻某妻萬氏

萬氏夫人墓誌蓋正書　故萬夫人墓誌　有唐大中六年龍集壬申十二月十三日豫章郡萬夫人終于揚州江都來鳳之里年卅九爰自笄年歸于閻氏之室育三

男一女長子公慶次曰公閔幼曰公閈卜其宅兆則以當月廿四日窆于揚子縣界江濱鄉白社村其地東西十丈南北十五丈刻字于墓庶乎後迷万古千秋永為

後記

是誌僅百餘字記卒日葬地甚詳在唐誌中最爲簡潔庶乎之乎當作無唐揚子縣即今儀徵縣

盧鄯女姚婆

唐姚婆墓誌　范陽盧鄯幼女姚婆年八歲生而穎悟髫而秀妙纔能言而知孝道纔能行而服覩繩纔能誦而諷女儀纔能持而秉鍼組動有理致婉而聽順衣服

飲食生知禮讓先意承志不學而能常期長成必有操行方譽流於親戚之間何圖玉樹先秋蕣華早落斂而不壽痛可言耶以大中六年十月三日夭于襄州官舍以明年七月十三日葬于鄭州滎澤縣廣武原祔祖贈給事中府君之松檟冀冥寞之内魂而有知以其封樹不廣懼年代未遠而邱壠夷平聊刊片石以敘其年月与事實冀千載之後不至湮沉耳唐大中七年七月十三日前撿挍禮部員外郎盧鄯記

潛研堂跋云禮入歲爲下殤於法可以無誌然韓退之爲女挐銘壙世莫以爲非者父之於子不忍其湮

没欲有所託以承其傳亦人情耳噫自唐以來達官貴人豐碑大書不久而湮没者何限姚婆一弱女子越千載後乃得傳姓名於士大夫之口事之有幸有不幸若此者可勝道哉

張君平

唐故清河郡張府君夫人安定郡胡氏合祔墓誌銘并序　劉伸撰

府君諱君平字君平其先燕國公纂集群書家有嫣金復撰才命論教流天下分派周室即是公之苗裔宗枝矣公本深州饒陽縣之人也别業樂亭積有餘載曾顯皇朝任絳州長史祖檝高尚不仕考承

泰頌以城戍艱虞此城被幽州攻圍公負倜儻之材輪
誠展劾去元和四年授成德軍節度使牒補充十將兼
充樂壽鎮遏都知兵馬使苑公押衙公君平將子之子
赳赳軍前干城之志信義立身孤標作操東西欽企南
北共談辯說□□迺文迺武孝悌成家垂訓禮樂克著
始終可以龜鏡焉公寢疾享年三十有六以大和八年
八月廿日終於市坊私第也嗚呼良才斯傾哲人其殞
銜哀有餘可謂珠沈洛浦寶劍一秋促我遐壽孀居洞
房遲遲飲恨葛藟無託夫人久嬰瘥瘵醫瘆無痊夫人
以大中六年正月十五日歿於私舍夫人春秋卌有九

女師娘子年齒初笄髻齔忽立春花欲發秋葉已凋謝
慈母之恩憐痛膝下之嬉婃皇天不祐夭折妙年小娘
子年一十有九以大中三年四月四日殂矣新婦天水
趙氏纔入貴門積善無瑕苗而不秀遂埋紅粉傷瘞九
泉新婦年廿有二以大中四年六月十一日喪矣皆附
塋安厝可惜可惜孰謂痛哉實謂悲哉嗣子弇彇叫攀
慕靡遺骨體可以會參同年而語哉遂乃庀冢修葬合
祔元扃禮周終竟南枕漳水北望燕幽巍屹墳封雙靈
再合卜取大中七年十月四日窆於縣城之東南三里
故塋域殯焉禮也所慮年代深遂陵谷變移勒石記之

千載無朽其詞曰燕公之孫苗裔深根常爲儕□變
作弔竇穸留七德兮千載書劍舊迹兮生塵夫人令德
合𡨴同牢哀哉白駒兮西懸柰何松柏兮蒼蒼

陸某妻劉氏

唐故陸氏劉夫人墓誌銘并序夫人彭城郡人也父
峯皆詞林學趨宦迹立笄年禮聘適于陸門盥帨雞鳴
嚴勤婦節大期俄屆嗚呼於大中九年七月□日寢疾
終于華亭邑內之私室也芳年卅有七以其十二月一
日葬于縣東三里買宋氏地之新塋禮也有子三人長
慶次夫師□師雖以幼童哀訴過禮恐代異時移故刊

貞石銘曰：夫人劉氏，簪纓之女。節婦義夫，早聞令譽。隟光西邁，逝水東流。佳城一閉，萬古千秋。

韓昶

唐故朝議郎撿挍尚書戶部郎中兼襄州別駕上柱國韓昶自爲墓誌銘 并序

昌黎韓昶，字有之，傳在國史。生徐之符離，小名曰符。幼而就學，性寡言笑，不爲兒戲，不能口記書。至年長，不能通誦得三五百字，爲同學所笑。至六七歲，未解把筆書字。即是性好文字，出言成文，不同他人所爲。張籍奇之，爲授詩。時年十餘歲，日通一卷。籍大奇之，試授諸童，皆不及之。能以所聞曲問其義

籍往往不能荅受詩未通兩三卷便自爲詩及年十一
二樊宗師大奇之宗師文學爲人之師文體與常人不
同祖獨慕之一旦爲文宗師大奇其文中字或出於經
典之外樊讀不能通稍長愛進士及第見進士所爲之
文與樊不同遂改體就之欲中其彙年至二十五及第
釋褐柳公公綽鎭邠辟之試宏文館校書郎相國竇公
易直辟爲襄州從事校書如前旋除高陵尉集賢殿校
理又遷度支監察拜左拾遺好直言一日上疏或過二
三文字之體與同官異文宗皇帝大用其言不通人事
氣直不樂者或終年不與之語因與俗乖不得官□□

相國牛公僧孺鎭襄陽以殿中加支使旋拜秘書省著作郎遷國子博士以久寄襄陽以祿養爲便除別駕撿校禮部郎中丁艱服除再授襄陽別駕撿校戶部郎中大中九年六月三日寢疾八日終于任年五十七其年十二月十五日葬孟州河陽縣尹村娶京兆韋放女有男五人曰緯前復州叅軍次曰綰曰緄曰綺曰続舉進士女四人曰棻曰谿曰璫曰著在室曾祖㪚素朝散大夫桂州長史祖仲卿祕書省祕書郎贈尚書左僕射父愈吏部侍郎贈禮部尚書謚曰文公銘曰　噫韓子噫韓子世以昧昧爲賢而自黑分衆以委委爲道而曲直

辨生有志而卒不能就豈命也夫豈命也夫　孤子綰
書并篆
題曰韓昶自爲墓誌銘而文中卒葬日月皆具殆預
爲文於生前其卒後孤子書石時增敘卒葬月日也
韓昶字有之下有傳在國史四字昶位不甚顯又無
大事功國史不應有傳蓋文人自張之詞耳孟縣城
西五十里蘇莊即古尹村莊南有塋地周數里其東
南有冢甚高俗呼尹丞相墳萬歷間盜發一小墓得
此石棄荆棘中或告于官驗爲昶誌遂封其墓而置
誌於韓文公祠壁後爲郡守移至府城乾隆己酉馮

魚山皺昌修孟志葺歸祠內以復舊觀祔爲文公韓愈之子新唐書愈傳以爲鄧州南陽人至朱子著韓文考異始以爲河內之南陽更引董逌說謂公爲河內之河陽人又引公自言歸河陽省墳墓及女挐壙銘所云歸骨於河南之河陽者以辨之及得此誌始知朱說甚確土人所謂丞相墳者即韓氏祖塋文公所謂往河陽省墓者即此地也而文公之爲孟州河陽人非鄧州南陽人益信而有徵矣唐人小說如李綽尚書故實韋詢劉賓客佳話皆謂退之子昶不慧至有誤金根爲金銀之說及其自述少作詩文已大

爲張樊所賞或以其誦不善記爲同學所笑文字過奇爲樊所難通彼悠悠之口遂以不慧加之耶昶之詩文雖不載於文苑英華唐音統籤等書今觀此作敘事簡質亦自不愧其家學文公贈張籍詩所謂試將詩義授如以肉貫弗又召令吐所記解摘了瑟僩又孟東野集有喜符郎詩有天縱語證以此誌所云張籍授詩之說皆相脗合知文公固非自譽其兒東野輩亦非阿其所好也唐書宰相世系表載昶子綰字持之袞字獻之洪興祖文公年譜謂公之孫袞咸通七年狀元及第袞卽此誌所載第三子緄也袞緄

音同故易名應舉耳曾祖祖父敘於志未爲例一變新舊兩書愈傳不載其祖叡素而於父仲卿則新傳云爲武昌令舊傳云無名位皆與誌載爲秘書郎者不合惟宰相世系表載叡素仲卿官與誌同昌黎集有符讀書城南詩樊注云符公之子得此誌始知符爲昶之小名又知昶生徐州符離縣故以地命名皆爲五百家注所未及誌云大中九年卒時年五十七推其生當在貞元十四年己卯是時張建封爲徐州刺史辟文公爲推官故公在徐而昶生年二十五及進士第當是長慶三年癸卯而登科記云昶以長慶

四年登第則實年二十六矣登第後即丁父憂柳公
綽以寶歷二年拜邠寧慶節度使祖服闋就辟在釋
褐後二年竇易直以大和二年罷相出爲襄州刺史
祖爲從事又在邠辟後二年牛僧儒以開成四年爲
襄州刺史祖以殿中加支使又在辟從事之後十二
年矣誌云久寄襄陽以便祿養謂養母也丁艱服除
亦是母喪誌未晰言耳雍正四年河南巡撫田文鏡
以孟縣即古河陽地爲文公故里查取後裔疏請襲
五經博士爲部議所格乾隆元年文公裔孫韓法祖
以家藏誌石爲據乞巡撫核實　題奏奉

[illegible]洋蒐經博然則此誌之出其所關豈淺鮮哉又按碑誌銘詞例用韻語昌黎作張圓墓銘即以誌爲銘不於誌外另作銘詞作柳子厚墓誌雖有銘詞亦不用韻語前無是法蓋昌黎所創也此誌銘詞七句全不用韻殆亦以家法爲行文之法歟

劉某妻霍氏

唐故劉氏太原縣君霍夫人墓誌銘 并序　朝散大夫前守彭王府諮議參軍上柱國周遇撰　天地之大德曰生劉宗之毓質曰性盛衰相攻存亡遞替理達希夷之旨竟歸終極之原至若生有令淑而顯茂則紀述而

銘焉有唐故銀青光祿大夫行內侍省內寺伯致仕彭城郡開國劉公夫人霍氏世系文之韶也當周之興封建于弟因而氏焉其後代變時移今爲京兆居人也皇父晟將仕郎守家令寺藏署丞公孝履資身恪勤莅事歷官秩而益著勤瘁之名奉春儲而出納之功無愆幸以慶鍾德門是生愛女夫人即丞公之長女也夫人幼聞詩禮早肅端姿齋潔持心溫柔飾性霜松比操寒竹孤貞閨門悅懌之儀晨昏問安之禮皆主之矣榛栗告脩將移他族遂適彭城公百兩之後一與之齊嚴奉舅姑敬恭戚族服澣濯之衣儉而達禮遵婉娩之教婦道

日新飾其德而不飾其容嚴其家而不嚴其身名同夫
貴德与家崇寵錫降封太原華邑昔公謂曰我以代傳
鍾鼎門蔭蟬聯先開府秉左廣之權吾令弟統右護之
師朱紫赫奕棣蕚鱗皴者四人而悉忠於國孝於家學
大戴禮諷毛氏詩堅白自持秋豪無隱功備史冊銘在
景彝戒滿盈而慕沖謙弃軒冕而好踈逸功与名皆全
矣而思內則雍穆吾心至矣夫人結褵作配卅三年履
正居中其道益彰洎浙右歸闕累移星歲頓攝乖宜寢
成沉痾夫人侍執湯藥饍奉飲膳所舉者無不親嘗不
頫寒暄不離座隅日月迭居近於二載夫人自此憂恚

亦已成疾先常侍奄從薨逝祭祀蒸嘗不失如在之敬至於卜遠之日疾將就枕諸姑弔違裕若是豈在力任夫人曰吾逝生死同塵何愛身命一閈泉壤永爲終天但無虧於節義豈望苟自偷安踴躍而往畢遂其志亦來日遘綿惙針醫不減遽至弥留以大中九年十一月十八日終于來庭里之私第享年五十七嗚呼人之所貴者福与壽積善既昧於徵應濼光難駐其簷楹青春路遙白日將謝粧樓儼設玉匣漸見其塵封輕影忽飛夜臺已知其息處有子三人嗣曰復禮威遠軍監軍使行內侍省內僕局丞賜緋魚袋仲曰全禮內侍省內府

府丞充內養季曰伸禮皆才聞五菱學贍三冬孝敬承
家忠貞蘊志惣戎而理遵約法專對而辭注懸河自鍾
艱疚茹毒銜哀泣血絕漿罔顧晨夕因心之孝巢鞠其
勲勞恩養之情徒悲於風樹以明年正月廿九日祔葬
于萬年縣龍首鄉先常侍塋西禮也遇奉命敘述敬爲
銘曰　夫人懿德蘊其明識端姿潔朗惠質柔直工備
內範容無外飾玉鏡孤光珵瑤潤色問名成禮作合君
子四德道降九族稱羨門崇鼎列功高嶽峙澤及華封
輝光青史雲路碧落霧[illegible]瓊枝其往如慕其返如毀龍
首之堙灉川之湄魂遊九原與公同歸

誌石今在西安金石萃編云在孟縣誤也自稱其父
曰皇父弟曰吾令弟皆謬嚴其家而不嚴其身理亦
未足誌中剛作剄希作㹞極作㮟文之昭也昭作韶
愫作愫秩作祑脩作循族作族鼎作鼑帥作師棣作
㨽累移星歲累當作屢頓作頓寢作寑違裕避代宗
諱作違裕吾逝生死同塵逝當作誓閉作閇哭作哭
邇來作尒來蹤作蹤總作惣罔作冈勔作勈美作羙
罔作𦊱

盧鍇

□□大夫行太子左庶子分司東都上柱國范陽盧府

君墓誌銘　□□□□□范陽郡人也其先齊太公
之□□□□□□□□□□至□□□□□□十四
代□□□□□□後四世至□爲□□□□□□自
□□□□□□□□□□□□□氏□□□□皇朝
尚書刑部員外郎諱莊道□□□□□□□□□□
□□□□□□甲□山□□□洎公之伯仲顗頎清
朝□□□□□□□□□□□□□□□□□□□
□□□□□□□□□祖諱昃宣州宣城縣令贈太子
左庶子□□大夫□□□□事□□□□□□□
□□□□□□□尚書先夫人□□徐氏追□□□□

□太夫人外王父諱□□□□□□□□□□□□
□□□□□□□□□□□□□□□□□□□□
□□□□進士□□□□□□□□□□太子正字
秩滿攝度支巡官是歲京師大旱□□□□□□□
□□□東□□□□□□□□□郎奏公充考試官
以通□□□□□□□□□□□□□□□□□□
□□□□□□其人先是他邑有殺人亡命者□□□
□□□□□□因拘累□□□自□□□□□□有
日矣府尹以公清白□事命往□□公悉□□□公求
證驗深□□□果□□□□□□□郎子公之陰德

無以過也由是遷□□□□大□□公□□制□□□
□□□□改監察御史裏行府□知鹽鐵揚州院事轉
殿中侍御史□□京兆府功曹掾典貢籍於岬州第名
爲轉春官□時爲得人故相國崔公諱鄲以□□□□
辟爲觀察判官□□侍御史內供奉□□□□累□□
府惕厲當官從容□贊□□□□□□□□□□□朝
□□□□□□□□□□□憲府風望尤□□按大獄
摘發奸□□□□□□□□□判刺史□□□□□者
□□□□深刻訊公□奏之公曰□間周理之戈□□
□□□□□□道延光之□□□□□□□□及害功

也□□□□□□□屈□□□多□□刑□□□□□
□萬年縣令□□□□□□□之地□得中□□□□
□抑豪□□□□□□授京兆少尹武宗□□□□□
□□□□□公□□□道□□□使公爲副焉□□□
陵下□□□□從□□□□而□□□□□□□□□
□□□□司業分教東□□□□□□□任太常□□□
務凡□□□□□□七十有三其轉原□用公□□□
不爲□□□□□□□□□□□□□家□□□□□
□位意以□□□□殆七八年豈□□□嗚呼以大中
九年七月十五日歸全於□□□□里之私第其明年

歲在丙子四月十二日□□□□□□氏縣之□□
□□□□□□□□□先府君之塋禮也夫人清河郡
君崔氏□□□□□□□□度已□□□□□□□
□□之士女□人□長適河南福昌縣丞□□□□□
□□□□□□□□□□□□□□□□□□□□
□□□□□□訓當必光其門□□□公□□之□
□過於□□□之□□□□□□□□□□俾□□
□退不得□銘卓行□不得辭銘曰　郁郁盧氏□□
□□□□重□□□□□門傳祖訓家□□□□生□
□□濟其□芳□□□承□□□□□□□薦能拔義

□□□□□□□蔚矣□□□□仕□□人□奄
忽□□夙昔□嶶□□□□□□□及葬山□□□
□□□□雲愁九泉之上兮樹老松楸千載可存兮□
□□□

是誌在偃師縣殘缺過甚中州金石記題作范陽某君蓋未審其爲盧姓也今爲撥格細審其歷官及年壽卒葬之期尚可得其大略案唐書宰相世系表盧氏大房有莊道刑部員外郎莊道之曾孫曰炅大理主薄與誌載先世銜名悉合表云炅之孫曰平陸尉銳大理評事銖睦州刺史鋼太子太師鈞左庶子錯

檢校比部郎中庾凡六人誌謂炅爲盧君之祖則君當是六孫中之一人其題銜爲左庶子與表載盧鍇官同今定爲鍇誌

康叔卿

大唐康公夫人墓誌銘　公諱叔卿其先衛人也夫人清河傅氏其先清河人也公幼而有禮長而謙和修身慎行與物無爭何圖天授之仁而不與之壽何不幸與以寶歷二年三月十四日因寢疾終於家享年卅有五其年遂遷窆於淄川縣萬年之西北三里孝水之西原從吉兆也夫人令淑容範宋子河鯉六禮貞吉享年六

十有八以大中元年六月一日遘疾彌留遂終焉權殯於堂以大中十年十一月二十五日遂遷祔於塋兆有子一人早亡有女三人長適屈氏次適張氏而承其家焉幼適王氏皆撫擗號訴哀毀過情遂召良工刻石粱翰乃爲銘曰　寬宏德禮謙和淑人改過不憸慎行修身其一夫人賢懷孝敬邕睦和柔四鄰欽承九族其二盛德風猷名芳不朽貞石誌之天長地久其三

古誌石華卷二十終

古誌石華卷二十一　　三長物齋叢書

唐十七

鄭恒　鄭遇　二誌同

唐故滎陽鄭府君夫人博陵崔氏合祔墓誌銘并序

給事郎守太常寺奉禮郎攝衛州司法叅軍秦貫撰

鄭之先自周皇封男之地因而氏焉別派五流深源一口至是以滎陽之望得爲首冠其下公侯接武台衡繼迹雕軒繡軸之榮羽口蓋朱轓之盛由魯史記迄于唐春秋實鄭氏爲衣冠之泉藪也高祖世斌皇左司郎中磁隰二州刺史新鄭縣開國男食邑三百戸曾祖元嘉皇新

都長水縣令襲封新鄭縣開國男祖有常皇吏部常選
襲爵新鄭縣開國男烈考探賢皇魏州昌樂朝城莘縣
令府君諱恒遇字[redacted]皇試太常寺協律郎文業著於當
時禮義飾於儒行少有倜儻之志長負環瓌奇之名不苟
譽以求容每親仁以竭愛爲中外模範成爲友朋宗師樂
善孜孜不慍知鮮曰單苞江瀆氣合風雲今之古人人雖
上出士神不優德配壽胡差先夫人之亡蓋世一霜也享
年六十夫人博陵崔氏令門清族慶餘承善四德兼備
六親雍和仁讓得於天眞慈惠立於素心每儀內則動
靜可師禮行詩風進止成法雖媞好女史大家經教承

之於諷習推之於行源者亦異代殊人其歸一旨也未亡
之歎孀齡杳然玉沒何先蘭凋然遽至以大中九年正月
十七日病終於淇澳之私第享年七十有六以大中十
二年二月廿七日合祔於先塋之側其鄉里原隰之號
載於舊記此闕而不書女一人適范陽盧損之嗣子六
人長曰頊攝汲縣丞知縣事早亡次曰珮早亡次曰瑾
次曰玘次曰瑒次曰琬咸繼遺芳克修至行銜哀茹毒
追攀罔極將營護窆泣告於業文者爲之銘云　□門仕
雙美兮令德咸芳甲族齊茂兮英華克彰允文武兮書□
劍名揚蘊儀慶兮閨門譽長珠沉玉沒兮人誰靡傷桂□

殞蘭凋兮共泣摧香垂修名兮永謂不亡傳盛事兮勒□□載餘光聽悲風兮松韻連崗刻貞石兮永誌□□ 元堂

誌有二石皆在濬縣嘉慶間爲黃水所毀今亡矣二石余皆有拓本文款行格全同惟鄭君之諱一石作恒一石作遇其餘文字亦略有異同今錄原文於二石異處雙書以別之淵如孫氏續古文苑載此文疑作恒者爲後人所改驗其拓本泐痕判然二石且皆舊刻也今繹其文崔氏卒於大中九年鄭君先崔之亡世有一霜三十年爲一世一年爲一霜葢三十一年也自大中九年逆推而上三十一年爲敬宗寶歷

元年敬宗父穆宗名恒在位四年其即位時鄭君年五十六矣改恒爲遇以避御名及與崔合葬鄭卒已久書志者不知恒曾改遇故仍用原名而缺末筆唐人以避諱爲重鄭氏子孫終以犯諱爲嫌前石既隨崔而瘞不能追改另刻一石改用遇字並藏於墓故二名互異一誌而有二石也月刻之石非秦貫所書故字畫頗劣刻手亦不佳惟原刻誤字多經改正如環改爲瓌然改爲凋之類仍當以諱恒之石爲初刻之本誌中淵藪避高祖諱作泉藪唐書宰相世系表後魏建武將軍南陽公曄爲鄭氏北祖曄子中書博

士茂七子號七房長房白麟後絶第三房叔夜後無
聞志曰别派五流謂允伯洞林歸藏連山幼麟五房
也允伯房第二十二頁四行五格曰世斌左司郎中
六格曰元嘉長水令即恒之高曾也七格曰延暉與
恒祖之名異其第十八頁九行八格有名恒者而第
十五頁十三行十格又有名遇者其上二格皆無祖
有常父探賢之名且與世斌元嘉相隔甚遠亦難定
其所謂恒遇者即爲是誌之鄭君也鄭恒妻崔氏即
元徵之會眞記所載之崔鶯鶯記中張秀才即徵之
託名以唐書宰相表及徵之本傳推之徵之生於德

宗建中四年以是誌推之恒生於代宗永泰元年崔生於德宗興元元年崔年少微之一歲少恒十有九歲崔與微之母家皆鄭氏以中表戚同爲中州望族崔巳前字恒矣是時隨母自長安扶父櫬歸里道過蒲州微之則自里赴長安應試途遇於蒲值飢民作亂遂同避蕭寺中此會眞記所由作也

湯華

唐故福州侯官縣丞湯府君墓誌銘 并序　鄉貢進士林珽述

湯有大德於天下戴之如日仰之如春其後也君諱華字知新曾祖脩祖賓考岳皆簪組相繼官烈

嘗時頗有功於國以載於譜諜此畧而不書公幼躭墳籍將欲振於時立大來之器以晨昏是切仕不擇祿釋褐衡州參軍珪璋美璞州縣良才記室之芳秩羅猶在再調授福州侯官丞兼惣感德場人不告勞征賦皆集口馴雉之化致象雷之聲謀而有方簡以涖事授兗而庶務皆決正色而羣吏瞻風公之器用未盡宏遠秩滿寓居南方以土風有殊瘴癘所染沉痾既搆天壽不遐以大中十一年六月五日終于嶺中連江邑之客第春秋五十八道路邑慟風雲助悲先殯于竹林原夫人瑯琊郡王氏故衡陽縣明宰之女以禮節奉君子以慈

禰訓閨門感形影之未亡歎梧桐之半死望故鄉以泣血泛滄溟以護喪逢首逝波沒身徇義艱儉不憚旄𣝅之情今古罕及男二人長曰宗鉉次曰宗鎬女五人咸匍匐觸地哀號訴天以日月有時窀穸斯議以大中十二年十一月廿八日歸葬於明州鄮縣龍山鄉江上里庚向之原禮也銘曰　脩與短兮胡可知聖與賢兮莫能窺器未展兮誠足悲存者有恨兮淚如絲哭丹旐兮一家隨風九原兮滿松枝

金石萃編云先㩶殯於竹林園㩶字疑爲權字之譌前馬恒誌亦是如此又墳籍作墳藉逢首作逢首賦

作賊喪作喪皆誤字也兩浙金石志云湯君有廟在鄞縣治東誌卽在其廟內若湯君者其亦有畸行故時近千歲鄉人猶祀之與

馮湍妻金氏

唐湖州口口口口口口故夫人墓誌銘 并序 鄉貢進士李翱書

夫人金氏諱淵口京兆人也幼有容止長能柔順姆教婉娩織紝組紃克脩女事秉貞執箸婦道口口始其笄年珮玉待禮時處士馮君名湍長樂人也世代儒雅弓裘靡湮知名是空高尚不仕聞夫人令淑以羊雁娶焉且其閥望齊徽姻榮並耀孌彼慶善宜其

室家鸞鳴鳳相塤篪韻叶敬脩賓饋潔薦鹽梅謹侍舅
姑謙恭娣姒肅雍閨壺舉宗儞嘉訓育兒女咸就婚適
與之偕壽歿而同塋無何天道疏鑒殞茲令德夫人以
大中十二年四月十四日逝于口口鄉周章里私第享
齡六十有九所育兒女六人長曰亮仲曰集季曰彦竟
能仁孝溫凊罔違恂恂里閭孰不欽仰女三人二歸沈
氏一適陸門夫人棄背之辰遠近奔格擗踊號慟泣血
絕漿鄰里哀之共脩糜飼口于人生浮口諭之曰及擔
以年十二月十日宅兆叶吉乃遷柩窆於縣西北盱婁
山馮氏祖墓祔於先舅姑塋域東南隅禮也至孝亮等

慮時移世變邱墟或湮俾刻貞石藏銘元宮銘曰　賢
哉夫人從德終身肅肅容儀譽美親鄰俄然□□奄謝
青春卜宅安厝餘溪石濱鬱鬱佳城依依□□□□□百
歲冥冥孤墳

案唐書李翺傳官至山南東道節度使會昌中卒於
鎮此誌作於大中十二年云鄉貢進士李翺書蓋別
一李翺非謚文公之李翺也

袁某妻王氏

唐故軍器使內寺伯賜紫金魚袋贈內常侍袁公夫人
太原郡夫人王氏墓誌銘　并序　　王孟諸撰　夫舉族

稱官蓋製作之常意況王氏承帝王之後派分貴仕代亦衆矣斯皆增輝圖牒稱望天下若乃復序迹祖宗之盛德謂悠悠繁詞故略而不書也夫人襄陽人也性稟專貞早貪詩禮閑柔淑慎叶窈窕之風規纂組女工得家人之深旨軍器常侍先娶潁川祿氏數奇不耦夫人祿氏早亡軍器常侍時護漢南鼓盆歌罷日粢盛之職禮不可虧潔以蘋蘩必資中饋由是思鵲巢之共理詠鷄鳴以求賢慕王氏奕世之宗以夫人繼室夫人承訓結褵移天配德克崇婦道懿績可嘉閨門之美貲光彤管軍器常侍自漢南更命荆門歲滿入覲復領軍器使

柰何天不福善偕老願乖軍器常侍寢卧疾薨於私第夫人居喪晝哭毀髮誓志動循法則不尚繁華言必洽於族姻喜怒不形於色栖志象外宏譽宜家其仁賢體度蕴為外戚之表儀矣將及魚軒荷寵照示懿圖麟角功高駒隙難駐嗚呼徽音潛翳閲水興悲賦命有涯奄隨川逝以大中十四年春正月十二日終於長安縣修德里享年卌有五以其年四月五日窆於萬年縣灞陵之原鄉軍器常侍之塋禮也嗣子五人或腰金備寵近侍丹墀或朱紱青袍皆宣翊贊德門之盛世莫能儔而復泣銜哀俾述遺範言必實録託而用文誌而銘曰

青門道兮國之旁，素滻北兮龍之鄉。紛旟旐兮引轜襄，泉路永兮歌白楊。生何促兮死何長，音容寂兮雲泱泱。唯有松楸樹，悲風起夕陽。

程修己

唐故集賢直院官榮王府長史程公墓誌銘 并敘　鄉貢進士温憲撰　男進思書　男再思篆蓋

程氏之先出自伯休甫，其後程嬰，春秋時存趙孤，以節義稱，故奕世有令聞。公諱修己，字彥立。曾祖仁福，左金吾衛將軍；祖鳳，婺州文學；父儀，蘇州醫博士。公幼而英敏，通左氏春秋，舉孝廉，來京師，遊公卿名人間，能言齊梁故實而於六法特姿稟天賜自顧陸以來負絕獨出唯公一人而已大和中陳丞相言公於昭獻因授浮梁尉賜緋魚袋直集賢殿累遷至太子中舍凡七爲王府長史趙郡李宏慶有盛名常有鬬鷄爲其對傷首異日公圖其勝者而其對因壞籠怒出擊傷其畫李愕然大駭昭獻常所幸犬名盧兒一旦有斃蓋之歎上命公圖形於宮中畋犬見者皆俯伏上寵禮特厚留於秘院凡九年間民間事公拑口不對唯取内府法書名畫日夕指擿利病上又令作竹障數十幅既成因别爲詩命翰林學士陳夷行等和之盛傳於世公於草隸亦精章陵玉册及

懿安太后謚冊皆公之書也丞相衛國公聞有客藏右軍書帖三幅衛公購以千金因持以示公公曰此僞已紿彼而爲非真也因以水濡紙抉起果有公之姓字其爲桃杏百卉蜂蝶蟬雀造物者不能爭其妙於其際仍備盡法則筆不妄下世人有得公片迹者其緘寶貺翫千万古昔公嘗云周侈傷其峻周昉張口口其澹張太府萱盡之其唯韓乎又曰吴恠逸元通陳象似幽恙揚若褒人強起庭光許若市中鬻食琨性夷雅疎澹白皙美風姿趙郡李遠見之以爲沈約謝脁之流大中初詞人李商隱每從公遊以爲淸言元味可雪緇垢憲嚴君有盛名於

世亦朝夕与公申莫逆之契高遊勝引非公不得預其伍公又爲昭憲書毛詩疏圖藏於内府以咸通四年二月一日遘疾殁於京國里第享年口十九先娶萊氏有子三人長曰進思鄜州甘泉主簿次曰退思詩歌尤高妙與乃公迹殆相亂又其次曰再思於小學靡不通工篆籀其爲狀澹古遒健後娶石氏有女二人長適滑州韋城縣尉景紹一女幼石氏亦先公而亡以其年四月十七日葬于京兆府萬年縣姜尹村憲嘗爲詠蛺蝶詩公稱其句因作竹暎杏花畫三蛺相從以寓其思其孤以憲辱公之眄遂泣血請銘銘曰

五曜垂晶羣山降

靈鍾茲閟氣瑞我昌庭遇物生象乘機肖形精通肹蠁思入微冥顧陸遺蹤李張舊轍芳塵寂寥妙迹蕪沒故筆空存神毫永輟千齡万祀慘澹夷滅

修巳爲畫苑名家而圖畫見聞志圖繪寶鑑諸書皆闕而不載惟杜荀鶴松窗雜記載開元中有程修巳者善畫元宗問杜丹詩誰爲首出對以中書舍人李正封詩曰國色朝酣酒天香夜染衣上嗟賞移時誌載修巳卒於咸通四年上距開元末年凡一百二十二年杜記時代亦似未確修巳事蹟見朱景元唐朝名畫錄修巳冀州人此誌未載其鄉貫名畫錄云祖

大歷中仕越州醫博士父伯儀誌云祖鳳婺州文學父儀蘇州醫博士所載互異以誌爲確名畫錄云周昉任越州長史修巳師事之凡二十年盡得其妙應明經擢第誌僅載其舉孝廉來京師以待詔畫院得官則非以科第進也名畫錄云大和中文宗好古重道以晉明帝朝衛協畫毛詩圖草木鳥獸古賢君臣之像不得其眞遂召修巳圖之皆據經定名任意採掇由是冠冕之製生植之姿遠無不詳幽無不顯又嘗畫竹障於文思殿文皇有歌云良工運精思巧極似有神臨窗時乍覩繁陰合再明一作臨窗忽覩繁陰合再盼眞假殊

未分當時在朝學士等皆奉詔繼和二事與誌同不及
名畫錄之詳撰誌者爲詩人温庭筠子憲誌云大和
中陳丞相謂陳夷行也然夷行之相在開成三四年
非大和中夷行及李商隱唐書皆有傳李遠字求古
大中建州刺史新書藝文志有集一卷昭獻文宗廟
號章陵文宗陵名懿安太后憲宗后郭氏也丞相衛
國公武宗時宰相李德裕也修已所評諸畫家周昉
張萱韓幹皆長安人昉萱以人物勝幹以畫馬名吳
道子善畫鬼神楊庭光與道子齊名善寫仙佛像許
琨開元中以畫人物名皆見歷代名畫記誌中世字

氏三見皆不缺筆惟蝶葉二字仍改枼作桒是誌磨泐過甚幾不可讀今細爲審識所缺者才數字耳昔人云思誤書亦是一適錄畢爲暢然者久之

王公晟妻張氏

大唐幽州節度隨[redacted]使押衙銀青光祿大夫撿校國子祭酒太原王公夫人清河張氏墓誌　鄉貢進士李元中撰　夫人姓自軒轅之弟子揮使造安寔張羅網世掌中其職遂爲氏焉夫人家族奇常洪惟義著精妙淋氣稱善人褱奉養盡心於晨堂婦道飽棼於大族可謂金玉顯明禮樂嘉世惟孝其德惟顯其仁豎立貞風

温顔內外實可比於行狀也祖万友父少清晉儒相襲
業善何曾不仕王庭取慾優逸古今之有也于峨輪搖
小熖刼促年光夫人無何以咸通四年正月廿日寢疾
至五月廿四日殁于幽州幽都縣界勸利坊私弟享年
六十有一嗚呼行路悼焉姻親慼慟子孫泣血僉曰孝
門夫人有子四人長曰宏泰見任雄武軍平地柵巡撿
烽鋪大将游擊将軍試左驍衛将軍文武全材君親選
寄弓開落鴈詞逸擴科次曰宏雅次曰宏籍次曰宏楚
咸著義方俱脩禮樂壯年當代名即其成時謂曰弓裘
不墜矣夫人以七月十三日禮葬于幽州幽都縣界保

大鄉樊村之原也嗚呼哀哉愴兮奄匆知白楊早落盡
青松後彫代變人移紀之陵谷乃鏤其石保其始終銘
日　人寰何限兮流年光眞路何促兮空蒼〻明月照
墳兮下泉客春秋來去兮高白楊煙雲凝恩兮埋古岸
風光聲哀兮成隙傷陵谷變移兮朝与暮寂實終天兮
塡銜腸　哀子宏泰書　楊君建刻
廣韻云張姓凡十四望本自軒轅第五子揮始造弦
寔張網羅世掌其職後因氏焉誌敘姓源誤第五子
作弟子誤弦作安掌下誤增中字文義遂不可通又
家族奇常當是異常之誤幽都今宛平縣其夫名公

然則據後合葬誌而知也

楊篤妾王氏

前長安縣尉楊篤女母王氏墓誌　王氏小字嫣嫣長号鄉雲汴州開封人幼失怙恃鞠於二女兄之手長女兄以善音律歸于故相國盧公鈞鄉因女兄遂習歌舞藝頗得出藍之妙宏農人初以音律知遂用綵問於女兄唐咸通庚辰歲子月遂歸于楊氏未幾楊子以罪逆受天罰待死于長安萬年喬村曰庫谷王氏固非宜留將歸女兄堅不去願同死于荒墅太夫人念其孝謹因許之寒暑三周𠊧嘗荼蓼奉上和衆端貞柔淑在楊氏

五年朿如一日楊氏德其孝謹遂忘前所謂出藍之妙
方思徵需俸禄且酬其勞不幸以甲申歲午月遘時癘
姙且病醫餌有所妨故天堅得以成禍以其月四日誕
一子子踰臘而終銘曰　父王毋高兮作媵于楊始以
音知兮終以行彰其家千指兮劍戟鋒鋩處于其間兮
卒無短長善非爲善兮天受其藏心雖猶面兮荼蓼備
嘗衣不暇體兮食不充腸歲月遲遲兮五周星霜人不
堪憂兮鄉不改康宜有豐報兮白首相將如何天奪兮
二九其芳風露猶淸兮日月猶光蘭蕙玉潔兮不可班
忘

籌字本勝天平軍節度使漢公第三子登進士第官監察御史見唐書楊虞卿傳及宰相世系表

陳直

唐故潁川郡陳府君墓誌銘 并序　外甥隴西李藝集

府君諱直其先口州潁川郡人也後乃遷曰錢唐縣而家焉曾祖滔皇試登仕郎新易州易縣尉祖義皇試文林郎愛州九真縣尉考及並遁跡雲林高尙不仕府君即先考之長子也稟性疏達德惟雅操言不宿諾行不鞫從內已嚴恪外已溫恭少小習儒長從詩史鄉黨稱孝親戚稱慈何期積善無徵以咸通五年歲次甲申

五月廿一日寢嬰微疾百療不痊終於錢唐縣方輿鄉
金牛里私苐享年六十有九娶譙國郡蔣氏有嗣覆陰
早失有子四人長曰存祐娶渤海吳氏有孫一人曰郁
郎女孫二人姹娘春娘次曰存議存制娶潁陽范氏存
約等幼集儒墨強學為文每以仁行理其心常以孝義
存其道不以縱肆溢其心不以繁華飾其體有女四人
長女適周氏早歸幽夜次女適韋氏次女十三娘閨幃
夭逝鳳舞沉幽小女十四娘在室有絡秀之材道藴之
學四德俱備三從母儀內睦外和六親讃順各毀不踰
禮望丹旐而痛心隨孤魂而滴血妹二十五娘適李氏

[illegible]惟庭樹之摧長乖鄖萼十八娘適滕氏素質早歸泉扃嗚呼逝水難住何新不故既享黃髮之期萬皆盡[illegible]乃巳元龜宅兆卜筮三從以其年八月十八日窆於[illegible]秦鄉步渚原亦俗里考妣之先塋禮也扶風子寓賛辭止得鄉黨之名實謂其往君休炳然斯文用垂於後銘曰　千秋冥冥松青蕭索山雲晝陰朧月朝落秋風蕭蕭兮寒水淥長江一去兮無迴復冥冥魂魄兮何所依兒女肝腸兮斷難續天地日月何沉昏猗歟克巳兮命不存傷哉此去不復還千秋萬古扃泉門　會郡祝位鐫字

誌云扶風子寓寄鄴止撰文者當是馬氏前署外甥
李藝集當是書者之名銘云猗歟克已兮命不存克
已當是陳直之字誌中長乘鄖蕚及萬皆盡度乃已
等句疑係傳鈔之誤

王仲建

唐故太原郡王府君清河張夫人墓誌銘 篆蓋 唐故
太原郡王處士墓誌銘 并序 鄉貢進士張魏賓撰兼
書 太皞爰興木德啓矩周之運靈王少海緱嶺表登
僊之慶故王之命氏始乎太子晉〻生龜襲封于太原
今爲郡人也廿四代祖褒任晉爲大將軍以孝敬動天

衆芳國史流祚萬世忠貞顯隆軒冕官常有國皆有不
復備列于斯誌君諱仲建字彦初即將軍之遠派也曾
祖潾迨皇考坤咸以博識具稱委簪紱有羈縻之患故
遁俗不仕府君乃坤之次子矣幼而廉慎長而剛毅偉
其貞而孝於家睦乎宗而潔諸已訥言敏行金穴山藏
用捨無遺鶉駟一致誠明諒直清儁洽聞涵頴鋭於鋒
鋩極消遥於大道武齊樂伯劍敵莊周縱雄辯而嶰谷
潛暄攄麗藻而綺霞爭秀志高氣遠藴象紫微當豹隱
之餘芳應處士之嘉号非公而孰能與於此哉識者以
爲懷寶不耀至信自彰探老氏之希夷固全眞於物外

者也方欲鍊形羽口漱液丹霄存神於冈象之中抱一於杳冥之內將宣平生之大節豈料壽師未遂涉水俄僾賈生之鵩鳥遽延排寢之摶膺斯及嗚呼春秋六十以疾不間終于河梁之別業公娶淸河張氏乃琊孟之名家胎訓之淸譽蘋蘩繼代中饋相爾之母儀耳故能有子一人焉曰知教寶令嗣也自齠季卅歲所好聆慕巳脫落常態及成童伯仲以孝經授見末章有裂骨之痛親屬以爲曾閔之疋偉專就養克符竭力之仁捧藥問安式展因心之孝銜酸茹恨泣血穹蒼擗地捫心幾將滅性於廬次悲夫繼夫人安氏淋訓閨闈亦盡敬姜

之禮知教乃抑情斂涕罄彼稱家剋己勵精奠終大事以其年歲在乙酉十月己酉朔廿二日庚午至孝由是哭踊無時徒跣備先王之制列儀旐自三城護府君之神座歸葬於河陽縣豐平鄉趙村之北原附大塋啓先夫人之舊窆合祔於斯禮也尚念鍾嵒圮毀江巖權頹歷數有期堙滅無紀請編是誄於泉壙魏賓嘗游館穀竊覩徽音直筆其詞用旌孝子之慕焉乃作銘云

王氏盛業姬周奕世降及仙才浮邱以濟元偉孝悌仕晉文帝義烈汪洋忠貞昭晰以至于公克揚嘉裔衍歟府君以大其先嗟嗟夫人柔順其賢孝于昊天哀親弃捐

感盡陶鸛相彼何阡峯巒巢嶠氣魄聯綿五黑之悲涼奚及陸機之雅賦依然檜栢秋月春松暮煙庶山川之不易標誌誄於他年

右誌出自盂縣西河按其年號以乙酉唐代甲子考之知是咸通六年造也乾隆己酉入志馮敏昌記

按唐代乙酉凡五魚山斷以咸通六年蓋以誌文及書皆非盛唐人手筆也誌中姬作姫粲作粲貌作皃稾作稟隱作隠罔作冈豈作豈饋作饋稱作穪展作展哭作哭攉作權晉作晉鶴作鸖標作標孺作孺

古誌石華卷二十一終

古誌石華卷二十二　　三長物齋叢書

唐十八

過訥

大唐故過少府墓誌銘并序　杜去疾撰　公諱訥字含章澤州高平人也曾祖諱庭大父諱遷先考諱昊公志堅松竹氣稟山河踐□□蹤差顏閔之行十年閉戶命果從人以大中十二年明經擢第當守選時潛修拔萃虛窗弄筆研幾自媿於雕蟲予奪在心可否由乎甲乙於咸通四年授棣州蒲臺縣尉以傅厚御物清白奉公執友同寮罔不仰止仕優則學前懇尚堅秩滿

辭親方希再捷豈期神理何負殲我良人如可贖兮人
百其命以咸通六年夏四月廿六日寢疾終於蒲臺縣
之官舍口子春秋卅有九夫人清河張氏恨無男嗣幼
女三人苫廬不施苴杖序位隱蓼莪永訣俱切痛天風
悲繐帳月照空室煢煢在疚仰訴元穹聲聚秋雲淚滴
成血乃議遠日龜以告從即以其年冬十一月八日奉
其襄帷歸窆於青州永固原就先塋禮也銘曰　惜乎
勤懃兮罔不精研名宦俱就兮壽胡不延風悲雲黲兮
星霣游川孀妻幼女兮煢訴穹天遺命薄葬兮窆節從
古勒石徽誌兮依土封埏永頤明虛兮保寧幽宅不遐

有害兮於萬斯年

何俛

唐臨江郡故何長史府君墓誌銘并序　　廬岳布衣程山甫述

有唐臨江郡府君何氏諱俛字太常則唐林虞孫韓氏之苗裔鳳池曾公之遠允因道趾廬阜家於江州尋陽縣丹桂鄉香谷里皇朝請郎試左武衛長史退居雲林高尚其仕高祖諱元琮曾祖諱承裕祖諱煎考諱溥兄諱建次兄諱鎰外清河郡張氏府君婚汝南郡周氏生三男長曰元廣婚周氏次曰友稜先婚嚴氏次查氏李氏欷歔俱不幸先殁次曰元衮婚周氏次曰

元壽外丹陽朱氏親姻茂盛孰如是焉府君淑順恭信行德謙柔福會良疇高蹈雲水美玉不炫聲價益高素琴不調五音自足百福雖備壽不永脩斯天之貽咎何神理能保其至德哉以咸通七年歲次丙戌七月廿五日卧疾逾月終於私第享齡六十有六以其年十一月壬寅朔十九日庚申卜其宅穸於大塋之內而窆焉崗巒與伏尋岫低昂雲水縈流溪谷迴合即何氏異世之所授耶府君性行秉質清真坦夷介潔無虞直道自處嗚呼明星滅曜劍墜平津雲鎖碧山霧郁寒水親朋瀨切閭里哀傷楚悼之情悲莫能已廣稜衮壽等仁貌蘊

叶行恪温儒材器天資□標郡里次子稜讀書爲文脩
進士業早以戀承怙恃未赴貢幃業盛昌晞名譽高遠
林戀得志守節義讌素其間居上下無怨至其四方之
人咸相謂曰何君即今之賢達士也其第三子袞法名
思齊性好元門身披羽服堅持科誡食栢餌芝志樂煙
霞逍遥沖寂山甫不揆瑣昧叨竊煙霞側聆依風輒録
斯序廣等憑墓泣血託爲譔述□誌銘曰　鳳池遠裔
德並嵩萊郡閒領袖邦國良材志奪冰霜□同秋月劍
剸琨犀□□明節日月逝矣德辰一沉鄰杵無相伯牙
絶琴大塋之域茱萸原東□實誰墓長史何公

誌曰外淸河張氏俔之母家也外丹陽朱氏俔之妻家也不幸先殁謂嚴查李三氏也敘次無法遂致眉目不淸

劉仕俌

唐故朝議郎守徐州功曹參軍上柱國劉公墓誌銘

御食使登事郎上柱國賜緋魚袋張元劝撰并書　公諱仕俌字元同彭城人也祖諱光奇開府知內侍省事父皇諱英閏特進太夫人楊氏妻張氏先終公有二女長適田氏次適張氏二男曰壽郎先逝次曰齊宴年十二公氣含淸韻獨異貞姿業廣藝深事皆天假孤標狀

喬松之拔眾林朗質若秋蟾之懸碧落溫恭克己節儉
修身順協于家忠貞于國公寶歷二年六月五日奏授
出身累參選序數授令丞後任徐州功曹參軍公紀綱
一郡椽理六聯清貧而吏靡忍欺單步而人懷□□□
心政理兼譽溢彰枳棘非鸞鳳之所栖百里豈大賢之
所任公性親元奧志慕雲霞朝披黃老之書暮覽□□
之要諠躑每歎蟬蛻歸元身既離於俗塵名㞢之□於紫
府公咸通七年十二月二日終於輔興里春秋八十矣
八年正月廿五日葬于長安縣龍首鄉祁村嗚呼寒暑
忽復纏綿數載針藥無瘳百齡斯泯嗟夫盛衰生死實

可痛哉乃爲銘　波瀾不息逝水孱孱浩浩悲風摧□
何遽千生永訣一往無還　咸通八年正月廿五日
誌敘仕備之父曰皇諱英聞特進皇字當是衍文特
進乃其官階太宗昭陵陪葬諸碑內豆盧寬碑額曰
唐故特進芮定公之碑不敘其由某階特進某階亦
此例也又撰書此誌之張元勿署銜曰登事郎唐制
初入仕版者由將仕郎進授登仕郎後劉遵禮誌所
云開成五年授將仕郎會昌元年授登仕郎是也此
云登事郎疑是筆誤誌中宴作宴聯作聮侵作𠍇公
寶歷二年公紀綱一郡公性親元奧三公字皆可删

公咸通七年此公字當作以

劉遵禮

唐故彭城劉公墓誌銘 篆蓋

唐故內莊宅使銀青光祿大夫行內侍省內侍員外置同正員上柱國彭城縣開國子食邑五百戶賜紫金魚袋贈左監門衛大將軍劉公墓誌銘并序

翰林承旨學士將仕郎守尚書戶部侍郎知制誥賜紫金魚袋劉瞻撰

中散大夫前左金吾衛長史兼監察御史崔筠書并篆蓋

公諱遵禮，字曾卿。帝堯垂裔，實分受姓之初；隆漢敦典，更表昌宗之盛。靈源弥遠，瑞慶斯長，史不絕書，代稱其德。曾祖諱

英皇任游擊將軍守左武衛翊府中郎將韜鈐奧術倜
儻奇材運阨當年位不及量僖伯有後累生英賢烈祖
諱宏規皇任左神策軍護軍中尉特進行左武衛上將
軍知內侍省事贈開府儀同三司揚州大都督沛國公
佐佑累朝出入貴仕文經武略茂績嘉庸譽著山河勳
銘金石訓傳令嗣慶集德門即今開府儀同三司內侍
監致仕徐國公名行深也公即開府第五子穎悟於齠
齔溫克於童蒙孝敬自禀於生知忠恪允符於夙習爰
當妙齒即履宦途以寶歷二年入仕位重要權爭用爲
賓榮資鴻漸之勢俟麟角之成雍容令圖遜讓美秩閒

咸五年方賜綠授將仕郎掖庭局宮教博士充宣徽庫家地密務殷選清材稱舉止有裕階資漸登會昌元年授登仕郎四年授承務郎常在禁闈日奉宸扆皆貴游之子弟爲顯仕之梯媒清切無倫親近少比特加命服仍領太醫六年賜服銀朱加供奉官轉徵仕郎內僕局令充監醫官院使親承顧問莫厚於宣徽榮耀服章無加於紫綬其年六月授宣義郎改充宣徽北院使十一月賜紫金魚袋階秩表仕進之績爵邑列恩寵之榮既屬上材因降優命大中二年授朝散大夫彭城縣開國子食邑五百戶密侍右遷樞軸備選邊防經制才略所

先公論咸推帝命惟允五年改充宣徽南院使尋兼充京西京北制置堡戍使壇場設備今古重難俾無奔突之虞用致烟塵之息凡所更作大叶機宜與能疇勞換職進秩其年使迴改大盈庫使旋授宫闈局令夫良弓勁矢武衛戎裝器號魚文名掩繁弱帑藏之貯進御是須多資峻嚴以綰要重七年改内弓箭庫使又以上田甲第職繫吏繁禁省之中號爲難理苟非利刃寧愬劇權八年改内莊宅使出護戎機實爲重寄爰歷試之選膺貞律之求爰以周通遂俞推擇九年改充兖海監軍使共綏武旅旁協帥臣儻非其材亦罕濟用雅聞懿績更

右雄藩十二年改鄆州監軍使出入之宜勞逸是繫履
踐之美重沓爲優十三年赴闕明年授營幕使其年再
領弓箭庫使咸通元年十二月轉掖庭令雲螭洼産驥
子龍孫當星馳電逸之埸列中阜內閑之藉寶鞭玉勒
足跦首驤繫於伯樂之知懸在伏波之式鑒精事重匪
易其人三年授內飛龍使休聲益暢睿渥弥敷進於崇
班示以懋賞四年授內侍省內侍地控西陲任當戎事
思得妙略兾絶邊虞五年改邠寧監軍外展殊勳內缺
要務人思舊政主洽新恩七年復拜內莊宅使願遇益
隆兢謹愈至將申大用先命崇階八年授銀青光祿大

夫嗚呼得君逢時材長數促性命之際賢哲莫窮咸通九年孟夏遘疾優旨許歸就醫藥鍼砭無及湯劑徒施莫逢西域之靈香遽歎東流之逝水以其年六月十四日薨於來庭里私第享年五十三八月五日詔贈左監門衛大將軍竊惟開府以仁誼承家用忠貞事主德齊嵩華量洽滄溟便蕃顯榮洋溢功業掌鈞軸則弥縫大政綰戎務則訓齊全師勤以奉公寬而濟衆書於史冊播在朝廷故得朱紫盈門輝光滿目公之仲季時少比倫並以出入之材各奉趍庭之訓優秩佳職後弟前兄而公不享遐齡豈神之孤衆望也是以開府惋惜軫極

孝懷夫人咸陽君田氏四德咸臻六姻共仰婦道克順母儀聿修有子四人長曰重易給事郎內侍省內府局丞次曰重允宣徽庫家發仕郎內侍省奚官局丞又其次曰重益曰重則並已賜祿皆以孝愛由己明敏居心在公處私克守訓範以似以續家肥國華今則喪過乎哀慇焉在孩宅兆既卜日月有時十一月八日銜哀奉喪窆于萬年縣崇義鄉滻川西原禮也佳城永閟昭代長違生也有涯前距百齡纔及半死如可作後遊九原當與歸贈叨職內庭特承宗顧刊刻期於不朽敘述固以無私銘曰　積德之孫大勳之嗣允文允武有材有

位既遇明時將膺龍寄摳機之任咫尺而至命不副才
期而爽遂崇崇德門侊侊令子垂裕後昆流千萬祀
鐫玉冊官邵建初刻

撰文者爲吾鄉郴人劉相國瞻唐書有傳書石之崔
鈞宰相世系表博陵安平人蘇州司功參軍刻石之
邵建初郎刻柳書元秘塔銘者誌云開成五年賜緑
又云其子重益重則並已賜緑唐服色之制四命以
緑五命以紫腰帶之制五品以上用朱飾以金六七
品用緑飾以銀此稱賜緑是錫以四命之服至六年
賜服銀朱則拜朱紱銀章之賜也誌中壯作𨑹勅作

數宦作鑑曠勞嘗作酬勞生也有涯前距百齡纔及半死如可作後游九原當與歸用七言律句入四六始見於此

王公晟

唐故幽州隨使節度押衙正議大夫檢校國子祭酒兼侍御史上柱國太原王府君夫人清河張氏合祔墓誌銘并序　鄉貢進士前攝幽州大都督府參軍許肏文

府君之先周靈之後秦有翦而漢有吉晉有導而齊有儉洎乎貴業繁盛高原手分或撫俗中區或字兵窮襄齡蕃衍馥寔為飽其風光杞梓垂榮誰可殫其簡牘

曾祖諱清皇前攝貝州録事參軍祖諱選皇前攝瀛州
河間縣尉列考諱冏皇銀青光祿大夫撿挍鴻臚卿府
君即令嗣也諱公晟字嗣復義衍金石量韜河嶽動息
成韻恩威有交叱吒而生谷風談笑而揚春卉由勇張
負猿臂虎鬚一諾千金致命如往元戎以挺生襟抱迴
出人寰初其宿衛之資終致建牙之署事家邦而不危
人望輸忠赤而獨擅君恩何當匪石之誠忽掩虞泉之
恨嗚呼享年六十九以咸通十一年庚寅歲夏六月二
日屬纊於薊縣軍都坊之私弟以八月四日成事於幽
都縣保大鄉樊村里之高原終其禮也夫人清河張氏

結綬移天敬承禋祀豈期超忽先之去流閫壼柔明孰云箴誠以兹良兆可祔所天有子四人長曰宏太攝薊州三河縣丞幼敏公忠頗閑吏理方圖晚器倏謝明時次曰宏雅閱禮敦詩親人重義授以文職優之漸鴻補充府戍驅使官次曰宏霖履行超庭方宜仕進祗皇靡叶鞠為梟人次曰宏楚情韜百行心佩五常仗文武之全材為家國之模範補充府廋衛前散虞候於戲天道汙隆人經否泰雖藏舟欲固而覆軌難移導其道而奚所悲履其理而竟何恨令子伏恤飲溢假喘興言事恐陵谷推遷高卑迭遷固命荒鄙誌於他辭銘曰 天降

英靈兮壯我雄方弼諧造化兮爲棟爲梁施武力兮折
銳摧剛勦王事兮披肝倒膽上天速禍兮殪忠良抱堅
白兮歸泉堂逝川沓日只如此松檟風生徒自傷

公晟妻張氏前卒別有誌焉其長子宏泰所書此則以公晟合葬故並及張氏而略其卒葬之年月其時僅隔七年長子宏太即宏泰也第三子宏殊即前誌之宏籍改名二子皆已物故此誌曾祖祖考之諱皆缺末筆蓋亦仲子宏雅或季子宏楚所書虞淵避太祖諱改作虞泉說禮敦詩誤說作閱叉互作乂裔作褎冠作冦薊作薊參作叅剛作剛皆別體也叱吒之

旣與陀通初其宿衛之資其當作具

公都

□□□□□□□□□□□□□□□□□□□□□

□□□□□□□□□□□□□□□□□□□□□

□□□之後代有其人□□□□□□□□□□□□

曾祖諱豪皇不仕王父諱旭皇仕蘄□□□□□府君

諱晉皇任左武衛率府長史君實府君第四子也□□

□而上或仕或不與時昇降自晉室東遷衣冠南隨君

之先人因渡江而家越之山水清秀難偕乃祖乃宗闢

是勝槩卜居蕭山伯氏仲氏官爵相繼或闕廷班列或

郡縣清途門風禮讓鄉里軌儀君承家代之休美稟□
□之靈異生而好學長而能文尤攻於體物舉進士亟
敗於垂成獨□名□時□□之無何風樹不靜家禍遽
鍾萬里奔喪骨立柴毀乃□□□親屬勉之方微進粥
食及禮制外除是歲將再就鹿鳴□中□□爲善無徵
奄隨物化國喪賢良家亡令子嗚呼人之年齡有遐有
天孰□□□而不繫於善惡孝悌也詩歎淑人君子胡
不萬年謂是物也以咸通十年歲次己丑四月戊子朔
廿二日己酉終于家享年四十九娶河東裴氏先府君
諱懿登進士第從事陝郊終使下貟外君之內子即貟

外長女也有男俞九女二人男未及冠長女適于鍾氏次未及笄藐爾諸孤朝不謀夕鴒原對此何痛如之以咸通十一年二月廿四日卜於昭元鄉昭元里社頭村之原也庠嘗射策春闈竊在下風熟君德聲及此承乏數月相從一觴一酌每至促膝無不移時歡猶未艾悲又聞之嗚呼哀哉天亦茫茫殲我良友邱壠既卜紼有期願刻樂石以表永别乃爲銘曰

嗚呼公都碩學鴻儒修身無玷立行不孤今其逝矣可勝歎乎其一

幾從鄉薦累敗垂成天耶命耶有德無名沒而不朽永播烈聲其二

松兮桂兮風雨摧之文章事業一旦已而銘兹貞

石川谷難移三其　續改地在廣孝鄉延壽里社湖村之
原也
兩浙金石志云在蕭山王進士宗炎家首二行已缺
無從得其姓名銘曰嗚呼公都公都殆即其字撰文
者名庠佚其姓文曰射策春闈竊在下風及此承乏
數月相從蓋登進士第而官於蕭山者未行續改云
云原刻在銘曰之下蓋誌爲初葬時作是行則改葬
時補刻也誌中尤攻於體物攻當作工書曾祖曰皇
不仕國初入敘其先世祖爲隋父爲唐加皇以別於
隋也此誌去唐初已二百七十餘年其曾祖祖父原

不必加皇字曰皇不仕不成文理矣府君諱者謂其父也吾當是丞字之别寫

來佐

故來府君及夫人常氏次夫人郭氏墓誌銘　府君諱佐南陽人也平生志操性本謙恭豈謂穹蒼降孽忽遘私疾俄終厥壽權厝故里早分今古夫人郭氏年及總笄禮適來氏母儀貞淑婦德無虧春秋七十有二終於兖州有子叔慶灰心毁容泣血匍匐乃兆元龜露蓍靈筮自南陽扶護故府君及前夫人常氏來就合祔以咸通十四年歲在癸巳□月廿九日於兖州瑕邱縣普樂

鄉臨泗城陰村郡城東北六里平原禮葬叔慶痛見孤墳寂寂松吹蕭蕭又恐陵谷遷移遠日有變乃命工刻石爲銘銘曰　穹蒼蒼天日月高懸口照六合不照下泉擗踴哭泣 下缺

李纓妻楊氏

唐魏王府參軍李纓亡妻宏農楊氏夫人墓誌銘 并序

纓自撰　夫人諱蕙字廷秀宏農人也遠祖漢太尉博綜經史著在人闗馳聲古今世爲之關西夫子史策有傳曾祖諱元㝡皇任宣州刺史御史大夫贈吏部尚書王父諱中皇任武寧軍節度判官兼殿中侍御史懿

行洽閭逈出群表父鵠前任京兆府三原縣主簿性臯
孤摽韻含雅操居蓮府傳清廉之譽處縣首多撫育之
仁夫人即三原君之長女也家傳簪組世襲儒風華族
分輝慶門疊耀行著閨閫徳比芝蘭辯慧生知天与其
性遠歸李氏賢如屡家淑徳已播於六親孝敬夙彰於
九族昭昭婦道肅肅雍和宜尓室家必期榮顯事姑能
竭其力無愧於孟光爲婦足見其心何慙於漆室纓家
素寒褊官宦且卑物用不自饒所向背多闕夫人未常
戚戚於顔色孜孜於博求就糲推甘夫人之道具周矣
内外恬和尊卑敬順親戚咸謂家肥耶夫人女工刀尺

悉盡其能至於絲竹多所留心就中胡琴尤是所善嗚呼痛哉從茲雅音絕矣余今冬赴調或補一官上以奉旨甘下以資中饋道期方泰共保榮華何圖福善禍淫天何奪耶遘疾周歲醫藥無瘳既纏二豎之悲俄及九泉之歎以咸通癸巳歲九月廿二日以疾終于永寧里之私第享年廿有九夫人歸我五年秖生一子不福其善早已淪亡以其年十一月廿三日歸窆于京兆府萬年縣小陽村祔先塋之側禮也夫人有尸鳩之行處闕而不書不着纓自誌其銘曰　疾波東注滔滔不歸雅傳婦德克著母儀事長肅肅撫幼怡怡夫人既往余將

何依

顧謙

唐故朝散郎貝州宗城縣令顧府君墓誌銘　公諱謙字自修其先吳郡人季歷丞相肅公之後也漢魏以降蔚為茂族史譜詳載此得畧而述焉大王父諱希揚登州軍民事衙推官王父諱彭堯州司戶參軍先府君諱行大宣州寧國縣丞先太夫人吳郡陸氏公即先府君冢子也公體質魁梧風神朗秀溫其珪璧凜若松筠粤在綺紈性質端敏卷書進退逾於老成早歲舉明經三禮二科洞達微言貫穿精義獨行不合時流所排晚節

以談笑曳裾歷諸侯上客魏帥何公一見若平生交表公高才請宰劇郡由是褐衣拜貝州宗城縣令公以戎虜之地民俗驕愎非鳴琴可齊口展驥乃乖理張翰之扁舟企陶公之高躅淛有勝地雲間故鄉豹隱鴻冥韜光晦迹其有巖廊彥士海島逸人每披霧見天開雲覩雉莫不高山仰止如不及焉噫人皆知麟鳳之為瑞而不知善人為瑞也不使公執正當路於時元龜不泯於將來盛德必鍾於後嗣造物者大誤彼蒼生之不幸乎嗚呼夢感兩楹災生二豎以咸通十三年歲次壬辰六月二十有八日丁卯啟手足於蘇州華亭縣北平鄉嵇

子里之私第亭年六十有七先是公於第之南隅列植
松楸有公叔□之想焉明年歲在癸巳十一月二十四
日乙卯灼龜析蓍始遂先志窆之於茲原禮也夫人宏農
楊氏貞順婉約閨門楷儀□爽撫孤罔不適禮男六人
長曰褒杭州鹽官縣尉次曰臺常州晉陵縣尉次曰占
旁州館驛巡官試左武衛兵曹參軍次曰實鄉貢明經
次曰滔次曰潛皆在嬰幼惟實與滔公之允咸能接物
孝悌治身動惟直方靜必溫克奉詩禮之明訓在邦家
而有聞是使聯榮清途列於霄漢有後於會斯其比歟
女二人長適吳郡張聿之明經出身解褐蘇州華亭縣

尉次許嫁吳興姚安之登童子學究二科再命爲東宮
舍人率皆禮樂名儒簪纓盛族公之中外姻表輝暎當
代不可一二而言也嗣子襄欲囗囗之不絕感陵谷之
咸遷洒血號泣請銘幽石恭爲銘曰　愷悌君子兮如
珪如璋鳳鳥不至兮麟出罹殃彼蒼不仁兮曷爲其常
甘泉條竭兮風焰摧光孤惸洒泣兮行路淒傷靑鳥告
吉兮寧神其罔

古誌石華卷二十二終

唐十九

孔紓

唐故左拾遺曾國孔府君墓誌銘并序　鎮海軍節度

掌書記將仕郎殿中侍御史内供奉賜緋魚袋鄭仁表

撰并書　咸通十五年三月侍講學士右僕射太常孔

公以疾辭内署職其元子左拾遺養疾亦病逾二旬太

常公疾少間拾遺疾亦間又旬日太常公薨拾遺哭無

時後七十六日亦終焉嗚呼求諸古未聞也仁表與拾

遺同歲爲東府鄉薦榮第不中等再罷去明年偕宴於

東堂宴之日博陵崔公羲出紫微直觀風甘棠下表爲支使校芸閣書拾遺始及第乞假拜慶新進士得意歸去多不伏拘束假限往往闕試不悉集貢曹久未舉公事故地遠迨二千里例不給告時僕射太常公蒞制天平軍以是勤不得請拾遺曰人之多言必以我爲宴安託春不宴年少乘喜氣赤春頭竟不對狎客持一盃酒人以爲難闕試日都堂中揖別同年徑出青門外經所爲從事州入院判案十日東去府適羅賢諸侯爭走羔鴈馳弓旌竟不能致徵爲渭南尉直宏文館久之會大學士出將去聲竟不就僕射太常公罷鎮居洛中拾遺

伏安定省不嘗言仕宦旋以萬年尉復帖文職無西笑意僕射徵拜司戎貳卿拾遺由侍行乃赴職越一月今許昌太傅相國襄陽公爲河中奏署觀察判官假監察御史故事赤尉從相府得朱紱殿中公昆仲間有未至者求裹行官不改服色人人美譚之俄轉節度判官從知之道皎然明白和而不柔守而通內盡佐補而外若不知相君待之異禮俄拜左拾遺內供奉嗚呼止於是何也春秋始卅三矣惜哉公至性自生知雖欲全其禮傳於後聞強忍抑不能俯就始得疾不言於人因晡哭若絶左右始知有病句甚矣句臥至室中不復進饘餌

疾益亟方肯歸常所居舍悉召骨肉追僕使惟言僕射公葬時事指揮制度必以古禮戒誨約束委曲備悉左右皆泣公曰吾平生無纖小不是事天報我甚厚使亟得歸侍地下尓盡賀而返以泣耶吾自遂性不能無傷生全大孝送終設祀宜益儉削無以金銀纖華爲殉無以不時之服爲殮吾幼苦學尤嗜左氏傳所習本多自讎理宜置吾左右友人鄭休範多知我所執守相視若親兄弟我亦常以所爲悉道之請以誌我彼不能文必盡其實言竟撫弟妹若將千百里爲別者視妻子若將一兩夕不面者而怡然其容如有失而復得已而終嗚

呼其當歸侍乎公謝世之月餘日前與二季處闇室中忽援毫書廿八字於室内東扆之上若隱語而加韻焉曰許下無言奪少年震而不雨月當弦風濤渭逆艅艎沒從此無舟濟大川初玉季載考其義莫究指歸既痛絕手足若洗然而悟曰許無言是午字今歲在午也震不雨是辰字其哀瘵至甚移歸院就醫是辰日及奄然之日驗於官歷是上弦日又應月當弦之識也吁似有所潛受於冥昧間何懸知之若是也憶於洛陽里第始相與定交公曰何以契我余曰死患難先祿位託孤寄命同休共慼此義交也見善相勉也見利相遠也言之

而必行守之而必固一旦離此則攻而絶之使屬廿爲
匪人没身無怨言斯益友也余將與吾子契之自是過
必相攻善必相激相成如恐失相畏若臨敵雖朝夕共
行止人不以爲朋比亦君子之能賢善誘也嗚呼公之
文之學之精明道行如雷聲日光無耳目者則不知也
公之訃始聞人人如有亡碩生鉅賢心死氣脱道之不
行也天何心焉公諱紓字持卿爵司寇四十代孫繼繼
承承仕濟不墜間生傑出磊落相望曾祖岑父皇任秘
書省著作佐郎贈司空祖戣皇任禮部尚書致仕贈司
徒父溫裕皇任撿校右僕射太常卿充翰林侍講學士

冊贈司空皇妣河東薛氏族大而顯先司空公廿八年
即廿公娶京兆韋氏山東清甲家也有二子男曰鐵婢
始十歲甚肖似憶與公約生子命名必如兄弟愚之子
曰後曾他日鐵婢當以還曾字之易云積善之家必有
餘慶善之教必闢於道儒釋釋固無嗣皇家公家道儒
之餘慶也公又賢而無祿其後益大以昌女少於男銘
曰　嗟嗟夫君嗟嗟夫君孔聖遺緒顏回後身高高者
天幽幽者神幽幽不見高高不聞不見不聞又何足以
云云

撰文之鄭仁表文中所謂休範者即其字也仁表爲

鄭肅次子兩唐書皆附見肅傳稱其終官爲起居郎此銜稱鎭海軍書記以宰相表証之咸通十五年鎭海節度爲趙隱仁表蓋隱所辟也唐書鄭肅傳載子仁表以門閥文章自高曰天瑞有五色雲人瑞有鄭仁表今其文之傳者僅此誌文旣不佳字亦如常足見其誇大之過情矣孔紓字持卿宰相世系表作字特卿刻本誤也曾祖岑父父溫裕不見於史祖戣附見兩書孔巢父傳戣作鄈亦刻本之誤戣父岑父皆巢父之兄韓昌黎集有正議大夫尚書左丞孔君墓誌即爲戣作戣有弟曰戡曰戢亦附見巢父傳昌黎

籍又有朝散大夫贈司勳員外郎孔君墓誌則爲戡作也昌黎二誌書葬地皆曰河南河陰之廣武原是孔氏族葬處此誌未書葬地今之滎澤即隋之廣武唐之河陰廣武山即楚漢相拒處繇墓當亦在其地誌曰公與二季處闇室中世系表止載其一曰續字允修又曰處世爲匪人爲上疑脫不字否則爲字乃非之訛也出將句旁注去聲始知有病旁注句字甚矣旁注句字皆金石變例指作揩占作怗俗稱兄弟曰金昆玉友誌曰玉季即玉友之謂也

馬某妻張氏

唐扶風馬氏故夫人清河張氏墓誌銘并序　趙郡李
直撰并刻字　夫人諱慶本望清河清河郡人也夫人即□
公之長女也夫人立性柔和齠齔知禮閨門之教不肅
而成及以笄年歸于扶風馬氏琴瑟諧韻幾移星霜敬
夫如賓郦下□□□□□易隔□花□□何啚忽染
微疾藥餌無徵以咸通□□□□□□歿於天長鄉之
私室春秋五十有八親愛□慟下泐十餘字難照長夜□□
結髮同於百年事与願違下泐十餘字瑛將仕郎前守亳州
鹿邑縣尉下泐十餘字陳州項城縣尉□□脩已下泐十餘字將
仕郎□□陳州項城縣主簿下泐十餘字有女二人長女適

渤海吳氏次女適（下渤十餘字）甫彭主喪孝過於禮銜恤盡禮恭修齋祭無不□誠□□□□□悲逾於常禮以當年五月廿七日安葬于杭州鹽官縣西□□里海昌鄉秧田村□□里買得郁師周地東至孫晊西至郁師周南至□北至郁爲新□礼也墳壠儼成雖存殁異路夫妻□□□莫大焉伏恐桑田改變陵谷難分固刊貞石乃爲銘曰　肅肅爲人德行先□幽明易分恩愛難別紅顏既□白日先沒徒感松風空悲壠月□□直書千□不□

是誌出杭州海昌安國寺僧東權於乾隆三十八年

治宅得之上中手拓一紙仍以原石薶藏故處拓本今爲淨慈寺僧六舟所藏裝潢成幀從而審觀題識者二十餘人釋其文者凡三家葛滓南（繼常）汪鐵樵士驤瞿木夫（中溶）也道光壬辰春許印林（瀚）復爲補釋三家之未盡未確者何子貞（紹基）錄文見寄今摘其所釋異同附錄於後

郵下（下三字汪作如子何許云何似之如子無徵）易隔（上一字許審是情字許）花（下一字葛云存半字作目形汪釋易許云易下似有門形疑是闕字）親愛（下一字葛釋情許云止存半字作忄形疑是悼）長夜（下二字葛釋本姻汪疑非與上一字葛釋又疑本是今許審是本期瑚璠許云以義度之是也然字惟存用形彷彿可見餘無徵）尉（下一字汪釋以許云未確）脩已（下二字許審是

將仕郎無不下一字爲釋存頁形許審是竭字秧田村下二字葛釋呂窓汪疑非又[illegible]
呂是昌許云呂字是窓未可定南至下一字葛釋浜汪釋涇許從汪爲新下一字注釋學紅
顏既下一字葛釋無許云無微直書上二字其第一字葛釋與汪疑非瞿釋章以爲書入姓名
許云章是矣以爲書人姓名則非千下一字許云戈旁甚明題當是藏字或歲字
又案是誌未見拓本無由定四家之得失以理度之
花上一字何録本存艹頭當作蕣花下一字汪許皆
作易則易下一字當是萎不當作闕璵當是其子之
名下書其官則上不應有璠字是二名共一官矣紅
顏既下一字當是摧或是殞不應是無字直書上既
有章字則章下當是善字千載不下當是滅字何子

貞云是誌文字殊非精品以少見珍乃爲諸家所賞可見石墨流傳有幸有不幸也

強瓊妻王氏

唐故瑯琊王氏夫人墓銘　夫人即故玉冊官內供奉賜緋魚袋強瓊之妻公先歿已十五年葬在醴泉本鄉也夫人年七十七有子四人女二人乾符元年十二月廿三日忽染膏荒之疾終鞏賢里弟三子一女先亡今幼男女共營葬礼以三年二月廿四日卜于祁村男側

誌後刻佛頂尊勝陀羅尼咒今不錄

唐人佞佛於陀羅尼經咒尤所尊信僧寺石幢刻此

詭遺乃復施之於墓誌亦怪甚也誌首題曰墓銘而
文乃無銘豈以陀羅尼咒即其銘耶誌內盲作荒營
作塋皆誤

趙琮

唐故居士天水趙府君墓誌銘并序　左武衛兵曹參
軍趙申昉撰　府君姓趙氏襃天水人也别業易州淶
水縣頃因先父遷□□仕流浪海隅從軍地遠徙居青
州□廿迄今凡二百年矣先妣夫人太原王氏生公是
季子也府君生居於北海之郡志好雲林山水南北貿
貿利有攸往廣涉大川博學古墳與朋友交言行敦美

信義彰聞輕金玉立善外著孝行六親府君諱琮字光
婚夫人太原王氏有男三人長曰審巖次曰審裕季曰
審文女一人初笄之年適夫陰氏孟男年居弱冠之秋
居然老成安詳大雅合國風之堅操修行古人立言溫
尙可謂父訓有知流嗣千載矣夫人王氏令淑賢能居
喪淚血在苫塊之內殞哽蘭千骨髓焚消□□響聞三
從之□□遵著府君遇軍情變亂不以交道仇□生涯
亦不遭毀爇錢穀湛然上下無虞藜食安貼乙未歲夏
月五日遇疾青州之私第下於人世丙申年七月三日
命知者卜得吉兆殯於益都縣南五里建德莊雲門山

東嶽原禮也慮山河更改松鵁彫悴遂紀年代乃爲銘

說銘曰　天水之君藴志難羣孝行雙美立性松鵁卓

然孤立在廿推口生好東臯亡返高墳有子賢行傳代

光門女從他氏五德猶存白楊千載滋茂兒孫落日烏

啼猿吽荒村

是誌在益都縣李家琮子光婚嵩是光璠之誤

趙虔章

唐故前河南府録事天水趙公墓誌銘　樂安孫濬撰

吴興姚紃書　嗟夫瑞雲將布俄散彩於晴空皓月

正圓忽摧輪於天上即知吉氣難駐祥光易虧非唯動

息之所贍實亦神靈之所歎何殊俊造奄及泉臺將紀
嘉猷難申執筆公諱虔章字敬彝京兆長安人也昆仲
四人歡侍左右公異才也量崇大節不愧小慈禮樂生
知敏捷天受覩扶空之蝃蝀不足崢嶸觀截海之螭梁
未為磾兀鳳鶴爲雍容之質氷壺灑洞澈之風纔及弱
冠之年寵授糺肯之貴莫不清兼洛水秀合嵩雲譽藹
東畿名傳西闕必謂壽等五千之仞榮稱百万斯年何
期清史而猶未標奇黃泉而已為歸路嗚呼天斷一柱
嶽折高峯斬虵之劍刃剛摧射猿之雕弓絃斷並雲銷
於瞬息方月歘於逡巡比逝賢良未足為痛以乾符三

年九月六日告終于平康里私第而丹旐言旋營龜告
吉擇用其月廿日葬于萬年縣寧安鄉三趙村祖之塋
側也今則泉路永塞逝水不還慮陵變遷略紀貞石其
銘曰　肅肅令德雍雍至仁玉質纔成冰霜始新謹孝
無比忠貞絶倫於家克儉於邦克勤詎料花發風起清
晨來飄蕣謝紅香湲塵龍城之側灞滻之濱一葬其中
三趙爲隣風悲雨泣憀骨傷神泉門永固千春万春
元和八年馬廿三娘誌云恐陵變遷乃紀銘云大和
四年吳達誌云金石靡刊孰紀陵之變此誌云慮陵
變遷略紀貞石三誌刻不同時陵下皆脱谷字而唐

代國諱無避谷字嫌名者不知三誌何以同脫此字

成君信

唐故上谷成公墓誌銘并序　公諱君信字匡時其先本周成伯之後父惠通皇平盧軍先鋒副馬軍兵馬使檢校太子賓客兼御史大夫祖瓌皇不仕公立性端良剛柔得中內藏元奧外示謙和早爲軍府爪牙之職後以年德將邁退居里中有識晃者知公懷大信大義為至英至仁皆階慕相知公亦默而見諾故得門弟長者之車轍皆禮樂之士何乃日月有數疾瘵屢鍾以乾符五年八月八日終於私第享年六十七公娶武陵嚴氏

生一男行寶婿武威段氏一女適隴西牛從寔寔爲節度要籍支計斛斗司公以孫建立爲之後婿清河張氏建第小稱公竒絳郎等年忠幼稚心力未任姪行賓爲右廂都虞候判官皆行賓及子背從寔感激訓竭力祏丞佐夫人同辦遷厝以當年十一月廿九日葬於青州益都縣望沂鄉之原也施幡前去孤雲爲之憀悽輴車後來流水豈任嗚咽慮江河他去巖谷遷移聊録行藏以銘貞石銘曰　天際高摽藏諸道徳素月懸巌白雲爲則卓雅有稱規章無忒惟信惟義心期本志自悦自娛誰達茲事青松白楊兮乃荊棘之固殊千秋万歲

兮因積善之能昌

君信卒時其子行實先卒故立孫建為後今所謂承重孫也唐人書巾旁字多作心旁故書幡為憣至幞書作幞則誤字也周之成國姬姓子爵文王子叔武所封上谷東郡二族皆其後也成伯當作成子廣韻亦作成伯蓋相沿而誤也誌云祖瓌皇不仕余於前公都誌內已斥其非蓋當時習俗相沿有此文法也

張中立

唐故宣義郎侍御史內供奉知鹽鐵嘉興監事張府君墓誌銘并序　前荆南觀察支使將仕郎試詹事府司

直□蒙撰　府君以乾符六年二月卅日終于常州義興縣之私弟踰月其仲弟中權銜哀致書□□□以誌來請蒙之與君寓居同邑嘗在京師往來甚密蒙之季與君之季□□□□□交甚固以是得熟君之行事書其善刊諸石則又安可辭耶君諱中立字□□其先范陽人晉司空華十五世孫高祖紹宗皇邵州武岡令贈宜春郡太守博學工書著蓬山事苑卅卷行於世蘇許公為之製集序韋侍郎述撰神道碑宜春生盛王府司馬翰林集賢兩院侍書侍讀學士諱懷瓌有文學尤善草隸書與兄懷瓘同時著名學士生池州長史贈金

州刺史諱涉嘗以文學登制策科金州生普州刺史諱
爽進士及第登朝為殿中侍御史口稱其口學年不永
竟不至高位當時惜之君即普州第二子也幼失怙恃
授兄長之訓初兄以口口調補霍山縣糺隨兄之任孜
孜務學以至成人大中初再調授武進尉謂君曰曩以
若等幼稚未克口生今既長成可以藏事吾恐墜先志
為平生羞遂以武進授君曰無以家事縈我我其行矣
乃就詞科累戰皆北嗚呼天不福善旋抱陟岡之悲君
撫視孤姪過於己子君之操尚出於先賢自武進歷處
州麗水令婺州永康宰到永康不旬月旋丁內憂服闋

□□□令祭酒常侍廉問陝郊素知其材奏爲郡糺值
將受代事遂不行君曰事之不行命也□郊特達之恩
宜如何報乃裹糧策蹇專專致謝亦古人之心也既至
輦下親舊間稍稍□□由是名姓頗達于上今左丞韋
公蟾即君之親外丈人時爲中丞遂奏爲臺主簿甚爲
美秩前輩名士多爲之然位卑任重尤不易處自憲長
以降無不譚其盛美無何故□□□帥王公凝揔搉莞
務奏爲嘉興監官意頗不樂辭不獲免遂授侍御史內
供奉知□□□□年吏畏課溢咸謂得材及罷歸陽羨
葺舊居植花木與親朋骨肉聚會賫□□□□□之女

嫁之男娶之雍睦怡愉無一日不得其所復菓黃老之
術齋心焚脩頗得其□□□□□無羨餘嗚呼真可
謂賢達之矣方今盜賊未弭四方多事適當展材業振
□□□□□□知方聞薦於宰執欲委之重難忽暴疾
不六七日而終嗚呼其亦命耶享年五十有五娶汝南
周氏楚州盱眙主簿元諒之亞女有子三人長曰庭誨
令娶姑之女次曰裔圖□□□□□性過禮克紹其
家女三人長適河東柳氏即前柳牧泰之第二子次許
嫁宣□□□□□□及笄季弟仁賴登進士第有時名
從知廣南幕下仲弟□□□□□□□□□□長妾城

南方屬道路艱虞未克歸祔遂卜用其年四月十二日甲申□□□□□□□□□□任光鄉許墅村之南從先大父之塋右禮也嗚呼（以下缺）銘曰　居官惠民居家睦親奉上禦□（以下缺）陽羨之北荆溪之濱（以下缺）

張懷瓘書斷三卷見唐書藝文志今存

黃公俊

唐故處士江夏黃府君墓誌（并序）　鄉貢進士張珪撰

府君姓黃諱公俊字子彥其先江夏人也即春申君歇之後長沙太守之裔孫高祖諱□曾祖諱恕祖諱法皆高尚不仕府君生而有禮體質魁梧質性淳厚以孝

義為心處謙恭為首家傳清儉鄉里稱之自晉代跨於
江瀆迄至今焉子子孫孫樂其耕釣可謂弓裘不墜於
地也何圖暫攖微恙便至沉痼藥石繼来略無徵應以
乾符五年十月十八日歿于義興縣善奉鄉□塘里享
年七十有六娶夫人袁氏淑性懿範婉娩和柔雅合閨
閫美哉琴瑟先於府君四年而歿有男三人長曰約早
終次曰擳曰□播先人之風傳先人之業遠近欣奉靡
不云賢有女二人長女適吳郡張氏其女不幸早亡愛
壻張公尚存昔念□□之□□遠及良辰次女帰于譚
氏犇護喪禮罔失其儀嗚呼□□而知命矣因夫人囊

氏之舊塋卜其吉日□□□□□□□備于今日峼泉之所宜哉以其明年己亥歲十月□日窀穸祔夫人塋之北庚首禮也瑝寓同鄉黨請為誌難以讓陳才雖不敏聊搆斯文以紀其事刊於荆屺銘曰　大道冥漠兮混然而成得之則壽兮失之則夭全我慈孝兮終□□□上士所樂兮下士則笑先人有言兮善必及嗣永介景福兮施乎後世

戴昭

唐故浙江道五部兵馬大元帥平南節度使銀青光祿大夫撿校尚書令戴公墓誌銘并序　進士許棠撰

府君諱昭字德輝姓戴氏其先杜陵人也裔出周卿佚之後業勳承家軒冕繼嗣祖諱非字名章志秉松筠迹疎名利高尚之德聰明之資父諱宏字仲廣學宗儒術德越前修惟府君罄誠節以奉公負温和而治眾婚隴西鄭氏備集閨儀包含淑德府君爰自咸通元年逆黨裘甫叛自富陽竊持朱旆都督王式遣團練押衙雲公思益統領銳師誅夷蜂蠆趨於剡水陟彼高岡府君以奮節雄之括於私第啟帑藏之資發倉廩之糧獻以奇謀饋以營壘而元兇投戈羣黨請命雲公感府君以精才懋畧德誼加人遂為上陳請甄前功然承寵渥旅列

轅門後時草寇尸丫髻剽刦武義浸聚羣凶王郢悖[illegible]
猿山深乘巨艦當其征戍獲息妖氛況又頃歲黃巢之
衆鼓譟驚天雲旗蔽野巨魁既攻鄰郡輕騎復剽兹邦
宣歙觀察使崔玹知府君負三畧之材蘊六韜之術遂
遣簡練精旅防虞浣溪纔展征車俄奔困獸粵奉察兼
入政累承寵錫一同擢以班榮制於鎮轄而元勛益著
妙畧潛施後有順節者團練押衙文堂久諠刑章一朝
面縛雖從惠化尚叶姦回去歲中春搆逆於府垣之下
脅從於營壁之間邇牽凶狂欲趨陶饋而躍臨境感於
畏威竊危忘軀遂由間道府君親持矢石赴隴泉大呼

而山樾埽清匪日而妖禽薄滅洎於秋八月台嶺劉文之暴奔趨鏡水之濱府君挺南面之戈矛輔雄藩之籌畧始張貔虎之旆已懾萑蒲之羣顧勛業之無儔實古今之可冠遂鎮槪水銑以雄師境内莫不澄清汰除姦蠹者也凡挺餙驍雄之士咸觖望其趾焉自歷踐崇列詔滎故邦當忻孝養之隆深限幽明之阻嗚呼享年五十有八中和二年八月二十日寢疾終於陶朱鄉里之私第以其年十二月十六日葬於當縣靈泉鄉溫泉里斗泉之源也有子四人長曰惠材益懋華志用踰弱冠征戎尋心企踵次曰堂去載劉文蟻聚亦跳戰於鏡巒

恩渥荐臨轄於兹嶺嘗飲水以厲已無遺槖以留後慷
慨為時操持自遠婚於平陽霍氏次曰忠曰口皆素業
前傳清規是守時方幼歲器用踰倫有女三人長適高
陽左氏肅雍婦道敬戒閨儀次方問名於盧氏次則閨
室未遠淑德咸備其餘親親勳統不復一一繁紀也今
則卜此重岡松蘿擁藹伏慮年代寖遠陵谷改更命於
斯文刊於貞石以紀誌之銘曰　太華磅礴將積陰陽
七政無息百齡有常英雄峻節令譽弥芳挺身報國奮
劍安邦繼臨寵渥以起輝光元勛特立妙略尤彰豈期
微疾俄歸墓鄉闔營悽慘里巷悲傷卜兆靈野局仗泉

鄉素月皎皎寒松蒼蒼一窆元戸永祚遐昌

古誌石華卷二十三終

古誌石華卷二十四　　三長物齋叢書

唐二十

敬延祚

唐故幽州隨使節度押衙遥攝鎮安軍使充綾錦坊使銀青光祿大夫撿校國子祭酒兼御史中丞上柱國平陽郡敬府君墓誌銘并序　前節度驅使官張賓述

府君諱延祚字延祚其先平陽郡人也繁宗盛裔不廣敘焉遂授隨使節度押衙遥攝鎮安軍使充綾錦坊使於戲壽之與天不保黄髮考諱全紀充兆衙將判官曾祖諱包攝幽都縣令祖諱輝守宣州右丞相業富韜鈐

才多經濟忠勤王士無徇家私府君性稟沖和志惟端厚早備成人之器德懷鑒物之明曰籍材能具精官業謙以自牧惠乃知人不恃寵以驕身不怒而臨下轅門旌能移掌坊務於是繕修戎器淬勵鋒予和用無闕於軍資戈鋋蕰蕪於武庫久處繁難之任允彰廉儉之名時推貞幹咸仰清勤是以洪鍾發而聲楊自遠寒松茂而秀且不彫於歲修短有定榮辱是常以中和二年九月十八日終於昌平縣界永寧村之私第享年卅有六以中和三年二月十一日葬於薊縣界會川鄉鄧村里之原禮也夫人清河郡張氏行潔冰霜德芳蘭桂情殷

葛藟豈協螽斯莫期金石偕韻琴瑟無虧不圖杞梓毀
摧絲蘿無託痛傷熟質恨切慈心有子三人長曰行修
充視事倒將次曰行益充親事慶候次進郎並性行溫
淳言無枝葉悲號毀性哀慘過情泣血漣洏遵王衛之
社崩摧莫制同隱之以慼隣夫人哀纏荼毒痛絕肺肝
嗟乎老之將至獨存秀而不實先殞猶恐陵谷遷變桑
海有更刊綿縣之清譽記爵齡之佳城乃命瑕才紀諸
豐石銘曰　誰謂斯人罹此禍端誰謂懽笑為愁顏
名留世表神歸不還記誌景行恐變何山

誌出順天府大興縣海豐吳誦孫世芬得之以拓本

見貽唐書中宗相敬暉五王之一也誌云祖諱輝守宣州右丞相當即暉之誤也本傳不詳暉之父名世系表云父山松潞城令誌云曾祖諱包攝幽都縣令表云暉四子讓誠詢謹誌云考諱全紀皆與唐書不合唐代敬氏别無名輝而爲宰相之人史誤邪抑誌誤邪不可攷矣誌中事作士矛作予揚作楊淑作熟河作何皆誤字避王脩之社社上脫龍字

戚高

唐故北海戚處士墓誌并序　布衣趙玭

處士諱高字崇賢其先北海郡人枝派清邈不可殫言上因官從

職遷爲越州諸暨靈泉里人也曾皇父諱朝皇父諱霞皇考諱防清崇道德風月悽情皆沒跡雲端世推之上也處士才鋒韞銳仁海敭波不重百辟之榮而嗜寸陰之道見一善而忘百非洞施恩而不念報滔滔爲冠廿媒階蕩蕩作後來楳櫓何期覆覆載與否三清晦明淋人君子胡不萬齡處士不或之歲未昇壯室之年有五以中和三年歲次癸卯秋九月甲子朔十九日壬午之辰天降深祟魂沉逝流遂奄終于後流私第嗣子三男二女孟曰崔婆仲曰嚮啉皆當齔歲禮義未分扶柩嘔啞孰不傷憫痛哉季子董婆襁負懷抱倚廬之門運業

何因終天之苦長女娉愛周氏禮未及歸幼女齒未及
笄遽遭酷罰夫人清河張氏孀情憯裂涕泗交叚笄纚
無光蓬鬢髮首泣青萍之去跡哭綠綺之斷絃夫人遂
抑哀整容感告兒女曰禮難可踰吉擇日月善卜名原
以年冬十月甲午朔廿七日庚申將窆于石解皇父之塋
右王首之壙原之禮也慮以日居月諸山谷渝變哀告
請銘玭宿契金石敢慙璅才掩涕握管而爲銘曰　蕣
之華蜉之蝣石之火水之漚四之質難久留其二　尊道
德洞仁義望長林成大器孰知天與禍至醴泉竭德星
墜女未歸男尙稚孀妻房冷秋水覩遺蹤逗雙淚宿何

緣撰終始泣告余請銘誌

誌中上囚官從職上字下當有世字不或之歲未昇壯室之年有五言其卒年三十五也銘云蜉之蝣蜉蝣二字不可拆用蝣或作游倘可通銘凡二十四句六句爲章蓋四章也首行第六句下旁注其二兩字不知何爲也戚氏仲子名曰嘟啉音義未詳蓋當時諸暨土語祖曰王父亦曰王考是誌以皇父皇考爲祖父之别誤王父爲皇父矣何期覆覆載與否多一覆字不惑省作不或說見前折某妻曹氏誌又靈作霊怡作怈聘作娉瑣作璅禮也上衍之字說見前杜

某誌

戴芳

戴府君墓誌銘并序　府君諱芳魯國郡人祖諱薇父諱素府君素之第四子娶東海徐氏育子五人二女三男長子師顗次子師旭少子師敏府君温良恭儉志趣淸雅琴酒自娛高尚不仕何圖積善無徵凶釁忽至春秋六十有三寢疾逾時醫藥無效中和三年秋八月廿五日卒其年季冬之月初五日丁酉吉辰窆於吳郡東南華亭北廿二里去張管墩五里莞洺鄉城山里進賢村洞涇西一百卅步新宅之東南而葬焉禮也三男泣

魚二女哀號長子師頊等恐歲月久遠陵谷變移不託
時廿今乃刊鑱爲記銘曰　晚暉西落流水東馳存亡
永訣逝者無歸萬古千秋墳壠巍巍　是誰書雙鯉魚
是誰讀雙白鶴鯉魚入深泉白鶴飛上天
銘詞後另六句搖讔詞也不知所謂

崔瓘

有唐故湖南觀察使贈兵部尚書淸河崔公墓誌銘篆蓋
是誌序銘俱佚僅存其蓋唐書方鎮表廣德二年始
置湖南觀察使治衡州大歷四年徙治潭州終唐之
世崔氏爲湖南觀察使者凡六人大歷四年有崔瓘

元和十三年有崔倰十四年有崔羣會昌四年有崔
元式大中中有崔愼由乾符四年有崔瑾宰相世系
表崔氏有南祖清河博陵等十房愼由爲南祖房倰
元式皆博陵房惟瓘羣瑾則清河房也瓘終吏部尚
書羣爲憲宗宰相皆不終於觀察使惟瑾字休瑜浙
西觀察使鄲之第三子官止湖南觀察使則此誌當
爲瑾作也瑾父鄲附見兄邠傳傳云鄲子瑾大中十
年登進士第累居使府歷尚書郎知制誥咸通十三
年知貢舉選拔頗爲得人尋拜禮部侍郎出爲湖南
觀察使方鎭表瑾以乾符四年代裴琳爲觀察使五

年軍亂被逐李係代之則瑾之卒當在乾符五年以
後廣明中和之間矣

王氏

大唐吳郡　王夫人墓誌銘并序

夫人王氏吳郡人也禀質貞莊賦
性柔順三從有義四德無虧春秋
口十有三忽遘弥留日寖纏薦以
口口口年正月八日終于口口里
私第歲次庚戌二月廿七日塟於
蘇州城西北七里武邱山之原礼

也有子二人長子珣次子　珉泣血
呼天悲深罔極苐　恐陵谷變　遷刻
石以記銘曰
□□□□□　□□□兮
□□□□□　□□□兮
是誌以行格推之凡一百九字存者僅五十六字卒葬年號已無可考文有歲次庚戌句唐以庚戌紀年者凡五今編于昭宗大順元年庚戌歲以最後者爲準也葬于虎邱改虎爲武避國諱也銘詞僅存一分字序文可揣度者旁注之其不可知者缺之庚戌之

戌誤作戊己之戊　是誌見潛研堂金石文跋尾云虎邱僧掘地得之好事者以夫人王姓其子名珦遂附會爲晉中書令王珦母墓潛研疑之甚當然以王爲夫人母家姓則非也其子珦實幕短簿而命名者則其弟名珉亦可意揣也珦珉兄弟皆有遺蹟在虎邱故知王爲珦姓非夫人母家

孫珦妻張氏

唐故淸河郡張氏夫人墓誌銘　夫樂安郡孫珦述

噫夫人姓張氏其淑愼貞素稟自生知退讓儉遜不從於訓祇奉晨夕終始若一吁言乎不豫葬我私室蘭摧

春霧蓮墜秋風隟影難迴逝波不返男一人高姐電影未分槿花已落女二人長曰奴哥穠花未開嚴霜暗墮次曰郭兒丱髮未揔繼我門嗣夫人年四十有三以景福元年冬十二月二十日卜地於郡城之南雲門之下樹邱壠而銘銘曰　日月有度兮生死無常白晝其速兮元夜何長澠水爲鄰兮雲門是鄉千年万祀兮春露秋霜　時景福元年歲次壬子十二月辛未朔二十日庚寅孫珣紀

雲門山澠水皆在今青州府益都縣即唐樂安郡地

誌書葬日不書卒日葢卒葬即其日內事也

吴承泌

大唐故内樞密使特進左領軍衛上將軍知内侍省事上柱國濮陽郡開國侯食邑一千户食實封一百户吴公墓誌 并序

翰林學士朝議郎守尚書司封郎中知制誥柱國賜紫金魚袋裴廷裕撰

翰林待詔朝散大夫撿挍右散騎常侍守蜀□傳□御史大夫柱國賜紫金魚袋閻湘書

昔周文以聖德受命太伯以□仁□王錫封于吴因國爲氏公諱承泌字希白即裔孫也曾祖□□贈金紫光祿大夫内給事祖德□□□□□□□上將軍□□□宣□□朝□□特異出則綰兵符而

臨巨鎮入則□□以□□□□宗皇帝將奉□丞□
□公時爲弓箭庫使送□□□□居□□□□□
□□□□□細之侍皆祭□□□金□贈朝散大夫内
侍省内侍□公則□子之□□□王□□□天仙河中
府軍車次河北傳檄諸道□□□之歲穎悟過人□始
□經□□□成□□□□足用□□乃□於書淫百
氏九降□遇□□□破曹劉之堅壁□光未仕流無不
□博而又□高作賦納□□之□甚高名學書王右軍
妙傳其法愛□□處士□□其師□韓□府擇賓□□
□□庚元□之招殷浩□鎮西之辟袁宏千載論交一

口口美平口口口昇之口口口口皇帝以郇瑕之封筦
口遺利命口公以本官充解口口口口口口口如夏
日洞察秋毫每口口啚之口口口口口之賦潔自無玷
課最有聞搜考句口口口黠吏靑蚨赤仄充於水衡以
叨賜口解口口口使口屬口河失守盜賊驚奔口口口
口口口口口口金根去口口三口口口公則以口口口口
中人口慶淸口秋𣏟夜眞風塵外物超庭口期口口國
遂與易定節度使王處存同天子蒙塵之口口責官司口
口口口口口口兵一万屯東渭橋口口公奔赴行在口
奏奉先口口其忠口錫以金章依前充口縣榷稅使口

口口口口榮書口口口口伍口口口公復歸朝闕
後改充南詔禮會副使以疾不行中和三年充許蔡通
和使口口下齊之口口優方口集事吠堯之犬正衆不
克前院彬彬首却復章綬尋口鋜地未辨口証朝廷口
之口口金口先帝幸口口口搜訪口能召公充西口
方口口口切口口夫林園之趣馬相如彈口之地揚
執戟草元之亭自有高情寧糜好爵帝口口口請便充
口川宣口使不詣闕者數歲聖上虔承大寶振起頽風
歷口口口口口埋尋加內寺伯判內侍省內給事綜
領省務領袖廷臣張口則口博舊章黃瓊則練達故事

加內侍光學士使口徐口口口口口口口口口
口口逦才光膺是選絲綸夜出得口請陳口鳥會口口
不宴口改宣徽北院使守右監門衛將軍濮陽郡開國
伯食邑七百戶口口口口口氏不口口口口口肴口
口地非所願也口讓者再三上許不奪素志方拜口口
口口口口二年改授樞密使加特進左領軍衛上將軍
知內侍省事濮陽縣開國侯食邑一千戶食實封一百
戶公素懷遠識常切致君大用口辰納忠不一其他抳
制口務總緝百司口口口書口口口以乾寧二年春正
月二十日薨于口水年四十五口口口君命也冬十月

一日上示中書門下許口口公昭雪十一月二十日葬于京兆府萬年縣滻川鄉北姚村禮也長男修口次男修皆南遷未復小男修口口口口公之季知象猶子恕已以書寓門下請銘于裴廷裕時爲口口口口口口口論思之地校馬口草之司口口口公以精識下缺泗濱豐磬其聲不羣鸞翎鳳翼其口口口公之哲學公之好文果於盛日口匡明君一言缺百缺道缺是忠骨藏之下泉口祐家國下缺

翰林待詔正口大夫挍撿右散騎常侍缺

御史大夫柱國賜紫金魚袋董瓌

此內官吳承泌誌也撰文人裴廷裕字膺餘昭宗時

翰林學士以左散騎常侍貶湖南卒見全唐詩小傳舊唐書王處存傳涇原行軍唐宏夫敗賊將林言尚讓軍垂勝進偪京師處存自渭北親選驍卒五千皆以白繻爲號夜入京城志云遂與易定節度使王處存同天子蒙塵及屯東渭橋云云即其事也

杜雄

口口口口口口口刺史檢校司空口口杜公墓誌銘并序

上缺德化軍巡官前嶺南西道觀察支使試秘書省正字曾洵撰　上缺乃有大竈呈瑞靈嶽降賢上則一千年以誕缺簡册煥乎古今缺也自漢魏至于缺茂族

先口東晉過江士族南徙以丹邱缺先君禺自安高
尙不求祿仕先君由缺泰州刺史公即泰州府君第二
子也生有奇表缺精元孝資溫靖敬事昆弟至於疏親
遠屬缺天下將亂且歎曰窮理講學將非其時豹略龍
缺士之志廉使美其材署爲平昌討賊使缺事承制加
御史大夫是時歉儉後缺詔兼大司憲恩及師徒惠播
閭里缺上聞缺啓三年加工部尙書是秋又遷刑部缺
以正口使知而後改遂刑措不用缺租賦其或稼穡將
登有水缺不若神明之政也日者缺公率兵拒之孽寇
死缺而不用得非良二千石缺金紫是歲復加右揆大

缺兩浙中令以嘉辭厚缺不絶書多竭私缺有地千里
有爵三公顯赫缺未嘗驕於色恡於缺厚於人薄於已
古缺視政以其月十七日薨缺終神氣不亂顧謂缺歸
勉口郡事言訖而瞑缺子撫軍若一奉上缺功成名遂
善始令終缺碑口州罷市缺見口其得人心也如此先
大缺宏缺沒口口繼大缺之養口口口口是日太君缺
禮口閫門道光先公一口而缺長曰彥崇口口軍節度
缺將孝以承家謙以處衆生口口口之道且明治亂之
機入侍庭闈出佐軍旅次曰彥口彥口彥信彥特彥持
彥琪彥擇口口府節度推官幼曰彥豐並俊秀聰敏仰

稟義方歸慕殯絶者數四女四人皆明惠賢淑有曹謝之風長適鎮海軍都指揮右揆吳章次方笄年未良疋次許嫁陳氏即口閫師司空公第二子次許嫁錢氏即今兩浙中令彭城郡王愛子也　副使萊公與左都押衙師位右都押衙紹口及諸都將親奉喪事各率家財送往事居知無不至傳曰周人之思邵公愛其甘棠況其子乎公恩施廣於一境可謂貽厥孫謀矣以其年十一月廿五日葬於郡之義城鄉貞節里一日親吏傳尚書公命曰子爲賓職復典文翰我先君勳績善政當得其實願爲誌石以傳不朽洵受恩有日報賜無階陳讓

不獲因灑泣銘曰　五緯降瑞四岳効祥誕生碩臣讜我巨唐奇表岳峙懿行蘭芳搢天柱石濟海舟航士懷恩信民謌樂康鳳書錫命虎符有光軍崇美號義洽故鄉三公爵秩千里憲章化穆二紀仁被一方威儀棣棣度量汪汪未當分閫俄驚壞梁望碑揮灑羅市淒愴佳城叶吉丹旐啓行厚地永固遺德難忘流慶令嗣□□□□

兩浙金石誌云在臨海南義成鄉大王廟邑人洪頤煊始訪得之台州府志以杜雄於中和元年據台州載魯洵作雄墓碑云雄字昌符徙台與劉文起事文

之明州雄因人之欲主郡政廉使承制加御史大夫明年兼大司憲轉左貂錫以竹使符詳繹其詞則是劉文自使守郡後方因本道昇之郡符耳又云光啓三年加工部尚書是秋遷刑部今聖嗣位蓋昭宗也嘉其威武謂執政曰寰宇方擾獨海郡有武不用非以德行化乎因命以德化爲軍號文德元年加兵部龍紀初加右揆大順初加左揆乾寧二年加司空四年十一月雄卒按此雄據台前後凡十五年蓋先反後降遂加重任冑政不綱台亦幾成藩鎮之禍十國春秋載乾寧四年十一月已卯台州刺史杜雄卒是

誌云以其月十七日甍又云其年十一月廿五日葬是卒葬皆在旬日之内誌蓋作於此時王象之輿地紀勝謂雄碑立於文德元年兩浙金石志疑係傳聞之誤謂文德在乾寧前其時雄尚無恙也愚謂輿地紀勝所載當另是一碑爲雄生前頌德而作者台州府志所載亦另是一碑爲雄墓神道而作亦曾淵筆也皆非指墓誌而言兩浙金石志謂誌即碑故有是疑耳誌敘其長子彥崇爲某軍節度又言親吏傳尚書公命云云其子之爵位亦甚顯矣長女適吳章兩浙金石志疑即吳璋爲武肅王錢鏐親校嘗從征董

昌者季女許嫁錢氏即今兩浙中令彭城王愛子乾寧三年武肅領鎮海鎮東軍節度封彭城郡王與誌載正合其稱中書令爲中令兩浙金石志謂爲省文抑或書者偶脫耳文中寇作㓂靈作霊

陳環

唐故陳府君墓誌銘　府君諱環潁川人也祖輿父道清並不求宦達君即清公之第二子也幼著才識長閑規矩克言理行缺有三以當年八月十八日窆於缺二十八里齊景鄉推山南二里祖墳□□□塋禮也君娶吳郡顧氏有子三人長曰遂□次曰師損三曰公甫並

至兼至識忠乎孝乎泣血主喪絶漿逾□□恐月日久
邁陵谷遷移刊石爲誌永傳不朽銘曰　山作田兮田
作海萬古存兮誰不改青松新隴曉無年千載惟留銘
記在

鄔某

鄔府君墓誌銘　府君唐故侍御史某之次孫性好古
不撓於時夫人顧生三子趨庭頗聞詩禮長子頌遠爲
運漕之使北自維揚旋於海昌謂其弟曰宗墓累廣塋
壠比櫛其閑安厝豈汝等願耶遂卜他地得海昌里之
一墟爲南去古墟三十步禮也銘曰　海昌之里馬牧

之墟孤墳歸如歸生之餘送終伊何家有孝子卜兆伊
何青烏是指千歲萬里百年遄已

尒朱逵

唐故銀青光祿大夫撿校太子賓客兼監察御史柱國
河南尒朱府君墓碣并銘　廣平程彥矩撰　府君其
先河南郡人也曾祖祐任主客郎中祖澤同州韓城令
厥考弁歷左金吾引駕仗押衙銀青光祿大夫撿校太
子賓客俱積德行貧緣事服府君諱逵字正道少倜儻
有氣不謹小節雖家藏巨萬視之蔑然輕玉帛若糞土
重然諾不顧千金議者曰斯亦豪傑人耳初職繫懷州

軍事押衙後改授山南東道節度散兵馬使始銀青光
祿大夫撿挍太子賓客兼監察御史由山南授東都留
守押衙其階與撿挍官并監察仍舊勳加柱國以府君
之用心磊落蔚有才智觀其勇必可扞難禦敵揣其義
必可赴湯蹈火則其位殆不稱德□□□然心行□度
有規將搆第渚宮豈止於榱桷宏壯甍棟膠□□□□
□□去卑□結峻宇以跡氣鬱巨沼以瀦流竹樹森羅
□□□□□郡內獨絕罔有□比世居馮翊慈親在焉
□□□□□□遙不克迎養同氣入人吏造定省惓著
行□□□廿四□□□公事關連計司輓運之勞咸稱

幹監每休口口口口屬口口口間有愛睦如也里巷益
多府君之口行以仰止口口口口未嘗不應人由是歸
咣乎未及下壽以其年五月六日口口口卒于江陵府
無覺里私第享年卌有九娶河南口口口口男一人春
郎六歲歲女相〻六歲歲用當年十一月口口口口叶
歸葬同州澄城縣武安鄉永平管親弟遜口口口口口
特以哀命見請銘于貞石文曰　彼蒼者天禍福茫然
欲問其緣杳漠無言俄口口口口有後先積善何爲報
應元元孰云有後口口口口口慶延在口他年

此墓誌也誤題曰碣碣者揭也揭於墓外方趺圓首

式方而長此石高廣俱一尺七寸五分與碣異式且
土暈斑斑蓋亦得自壙中者韓昌黎誌河南府法曹
張君墓亦題曰墓碣銘則以誌爲碣不獨此誌然矣
石在郃陽朱家河世傳尒朱之後改爲朱氏朱家河
當即其舊居之地誌曰歸葬同州澄城縣武安鄉永
平管澄城北魏縣唐改長寧此誌冠以唐而仍曰澄
城其時已復長寧爲澄城矣朱家河當即武安鄉永
平管地澄城與郃陽接界故誌出郃陽也書卒曰其
年書葬曰當年而不著年號甲子不知所謂其年當
年者究爲何年逵一軍府押衙階至銀青光祿大夫

撿校太子賓客兼監察御史柱國蕭唐季濫賞之習也故以此誌附於唐末山南東道節度使治江陵縣渚宫即在其地誌敘子女皆曰六歲歲未詳其故安作安延作延

古誌石華卷二十四終

古誌石華卷二十五　　三長物齋叢書

唐二十一

尼韋提

大唐故真空寺尼韋提墓誌銘　辛溥撰　和尚賈氏洛陽人也曾祖憲朝請大夫河南府陽翟縣令祖口朝散大夫衛尉寺主簿父元禕綿州昌明縣令皆德音孔昭庶纘斯在世濟厥美不殞其英慶溢鍾於上人上人即昌明府君之第二女也天生聰明道貸神氣夙聞真覺早悟迷津童年出家克精象法洎乎處道降伏其心入清淨智破昏暗德經行哲行莫之與京謂真如之其

凝豈波旬之見惑住持戒律曾不倦□荒寧潔己修身
毎屢空而無積亨年卌有□□□□十一月十二日
天漸於真空寺也無累日之疢疾有一朝之溘然瘖言
不昏覩寂滅之□亂其容不改則慎行而迹肅倏忽大
夜宛□云亡緇徒飲恨者纚踵門人芒然者如擣偕痛
疢之何依空啼咷而永日上人之昆弟□或澄清□□
或從政鄉邑服勤王事咸闕臨喪粤以其年十一月廿
五日安厝於蔵年縣禦侮鄉禮也於戲□□□□彼仁
何負積善多慶彼菩何爲冥冥泉戶何□□□寂寂窮
里誰德爲鄰溥忝從毋之義慟瞻仰之□□□□□嵩

强爲銘曰 □□□□必□□法雄慶流於德必先我大通於何上□□□□□終降年不永飲恨攸同悲涼已矣天問難窮

賈某

有唐故水部員外郎賈君墓誌篆蓋

唐書職官志水部員外郎一員從五品上宰相世系表德宗相賈耽之五世孫有檢校水部員外郎翔是誌序佚蓋存名已無徵未知即其人否

劉某

大唐劉府君合祔墓誌篆蓋

誌佚蓋存在滋陽縣

路某

大唐故路府君墓誌銘 楷書蓋

此石在城西韓莊得之乾隆己酉入志并記 隸書一行

誌佚蓋存在孟縣學宮忠義祠此石鐫刻甚精中分九格界以粗畫四旁皆刻花紋石左刻隸書一行則馮魚山 敏昌 修孟志時所書也

姜氏

唐故姜氏夫人墓誌銘 楷書蓋

乾隆己酉畢君佐訪送志局 馮伯子記 隸書二行

是誌之蓋亦在孟縣鄉賢祠其右隸字亦魚山書刻

後梁

梁重立

唐易州上谷郡故梁府君墓誌銘并序

原夫昏默未形爰依大道寵龜既啟始敘吉凶漸著君親乃陳孝悌生以溫凊色養歿以封樹蒸嘗人貴令終其來遠矣梁氏門風祖職此不偹書蓋以星朔既淹子孫蕃衍因官得地而居此焉曾祖諱希幹不仕素為文業曾哲鑽研獄官辭榮閑居畢世祖諱甫不亦不仕慎守公方克敦儒素外符忠政內力孝慈在邦而邦人自和居室而與

物無竟年隣耳順遂殁壽焉皇考諱重立字顯英性惟
貞謹言凜掘揆温體而良彥取裁愽達而顧蒙受白羽
儀朝市綱紀人倫可謂德似玉而長温行如松而不朽
年逾知命石火忽臨以天祐七年正月十二日乃于永
樂坊之私弟而告殁矣夫人武功穎氏郡中之良族也
笄總之歲礼赴移天耳順之秋風燭長别痛兹覆水傷
彼斷弦府君有嗣子三人孟曰思景□陽軍押衙充孔
目官仲曰思恩季曰思度押衙昆仲幼懷聰敏長有博
聞藴季子之詞華抱安仁之才器並尊啓職丹粤列班
孝盡旨甘讓敦手足押衙與弟昊天罔極何日忘之茶

慕經心鋒針剌骨晨昏難及至薦竭修抑衙昆仲以乾
坤既就龜筮叶祥以天祐十年癸酉歲孟冬月己巳朔
二十三日辛卯於易州東北隅一里半易縣□山鄉梁
村之右本塋之禮葬也其勢乃前臨易郭後倚燕山左
近昭王之祠右接荊卿之廟東西遐迥形勝可觀良恐
海變飛塵山成朽燼垂文記祀傳以後昆者歟銘曰
乾剛坤柔有勞有休人倫終始難逃去留嗣子而昊天
不報甘養而叩地無由府君兮金玉君子逝水兮萬古
千秋

誌爲重立而作稱重立之祖爲曾祖稱重立之父爲

祖稱重立爲皇考則似撰文者爲重立之子矣而其稱重立之子曰押衙昆仲則又非思景等所自稱也文內覆水非從一之典斷弦乃喪婦之辭皆引用失當箋贊之贊誤作篡唐昭宗天復四年閏四月改元天祐其年八月哀帝襲天祐年號亦止二年零數月此云天祐七年卒則梁太祖開平四年庚午歲也葬於天祐十年則梁太祖改元乾化之三年孟冬月則末帝即位之癸酉歲也其時後唐莊宗嗣晉王位據河東岐王李茂貞據鳳翔吳王楊隆演據淮南皆用天祐年號易州上谷郡唐隸河北道爲鎮冀成德軍

所轄亦稱天祐蓋其時河北諸道尚未奉朱梁正朔也今仍用唐號而編入梁初燕昭王廟荆軻城皆在易州

樂某妻徐氏

梁故東海徐氏夫人墓誌銘并序

夫人即節度右押衙鎮東軍副知客銀青光祿大夫檢扶國子祭酒右千牛衛將軍兼御史大夫樂君之冢婦也夫人曾祖諱[redacted]祖諱佑巖父𨈑見充鎮東軍觀察孔目官檢挍工部尚書夫人以乾化四年七月六日遘疾奄逝享年四十以其年八月三日歸葬於鄞縣靈巖鄉金泉里禮也噫乎

夫人稟嫣然之姿態寶仙苑之桃李自和鳴鸞鳳益顯令德而又柔順孝敬以奉姑嫜爲六親庭闈之則所謂神垂其祜天憖其善孰知一旦遽罹凶釁歸于窀穸夫人育一男光途年猶幼沖悲乎偏露所不忍睹嗚呼生也幻世沒兮歸人聊紀馨香用摽年紀銘曰　君之容止悉皆推先君之行義不辱移天蘭既摧而玉折日將遠兮時遷永刊貞石千年万年

是誌首書樂君全銜即徐氏之夫其曰冢婦者所以別於妾媵也誌中檢校作撿挍苑作菀釁作舋

王彥回

梁故明州軍事押衙充勾當官銀青光祿大夫檢校太子賓客兼殿中侍御史王府君墓誌銘　羅浮山布衣蔣鹽元撰　府君諱彥回字仲顏其先瑯琊人也曾祖諱諭祖諱伯儀父諱瓘皆任性傲誕怡怡於雲水閒能棄天爵不拘浮華之態鄉黨之美著于家誅府君少則有明慧之稱長則有幹濟之術爰自庶職郡署屢繁任劇靡不洞達其理佐佑之績甚顯矣一旦俄遘沉痾奄歸厚夜噫乎生爲強有殁兮本無雖□□以如斯測常情則不尒私室且□公權留重亦足以得□緬惟窀穸又焉無眷戀府君以乾化四年十二月廿二日即廿享

年五十五以乾化五年閏二月二十九日歸葬於鄞縣
靈巖鄉金泉里禮也府君娶東海徐氏乃句章之華族
和鳴之道柔順愛敬爲親戚之所覩仰育男五人長子
充軍事駈使官兼衙前一將廷覩琳瑯其器孝行允嗣
之善尤可嘉矣娶渤海吳氏第二子充衙前虞候廷軌
娶廬江何氏第三子廷暉第四子廷裕第五子廷琦育
女二人長女一適胡氏一適楊氏孫二人翁兒婆子女
孫錢婆嗚呼榮樂之期關彼定分平生之事瞬息而已
松楸植於此藏于佳城永安陵谷之變幽冥之幸也銘
曰　名利之覺孰能厭心一此一彼以古以今奈何不

可移者脩短不可戀者光陰悲乎人事倏然昇沉蕭蕭邱壠猿鳥號鳴

以上二誌皆近日出土爲兩浙金石志所未收於胡竹安大令鈞處得拓本錄之誌中族作旋戚作慼競作竟世字凡兩見皆缺筆作廿譜牒之牒通作諜又避世作諫此時距唐亡已九年矣舊令猶遵足見人心尚有思唐者

後唐

朱行先

佐匡國功臣故節度左押衙親衛第三都指揮使靜

海鎮遏使銀青光祿大夫檢校尚書右僕射御史上柱國朱府君墓誌銘　進士謝鶚撰

府君諱行先字蘊之吳郡人也曾祖憑皇不仕祖真皇不仕父敬端皇不仕妣陳留阮氏太夫人揚名立身光於祖宗者惟府君耳府君少親戎律長習武經有摧鋒破敵之堅蘊戡難濟時之策猿臂燕頷完備將才始隸職於建寧都從高公彥所在征討累有功績尋高太傅分符雲渚府君亦隨於治所太傅用爲心膂或隣境有寇總握兵柄仗劍前驅無不望風瓦解減竈之謀投醪之義備盡其妙以是聞於聖聽疊被寵嘉荐歷珥貂累陞八座並爲雲守

兩壹自渤海公厥世高澧亂行府君奮臂一呼率衆歸
國時天下都元帥吳越國王親統全師撫寧郡縣以有
功者宜加爵賞遂封協力勤王功臣尋封佐正匡國功
臣加封右僕射仍委之靜海劇鎮府君之屯細柳也鉏
櫌荆棘版築城壘不日而就不恃其寵不勞於民卒乘
輯睦鎮縣和同商農工賈不改其業親載耒耜遍植桑
麻以備祇奉使臣供承南北十五年内外無間言蠢恩
威並行寬猛得所矣以寶大元年夏四月得疾弗興至
秋七月二十三日終於靜海鎮之官舍享年七十有二
府君娶汝南周氏隴西彭氏清河張氏三夫人皆肅雍

和鳴內外婉順主喪祭者惟彭氏張氏居其右焉有子八人長曰從訓眈味雲泉不樂仕宦侍膳於閭氏之側次曰智銘在方袍之下次曰元晟節度使正散將爲人溫恭尤尙儒雅娶諸暨鎭遏使楚收韓章司徒愛女次曰元杲節度正散將銀靑光祿大夫檢校太子賓客兼監察御史狀貌瑰偉智畧出衆識量宏博不拘小節親族閒咸曰有父風娶閭人氏次曰元昇節度牙將獷捍好勇直將軍之器娶鄭氏次曰元寶娶章氏次曰元勝元贇未娶皆堂堂之軀或親弓馬或閱詩書分掌家事無不幹濟女三人長適穎川氏西都軍將都知兵馬使

明川羅　缺　使陳師靖僕射之子某先府君逝次適清河
氏建寧都虞候張全尙書之子某次適上亭鎮遏使翁
鍔尙書之孫節度討擊使上亭鎮遏將元昉之子繼貞
弟三人行存行勤行忠初府君之寢疾也殿下遣中使
三賜湯藥及啓手足命侍臣持祭奠厚加賻贈內外親
戚莫不感泣有以見君親之道始終兩全矣明州都使
太傅奠贈尤異焉君世墓在湖州烏程縣不克歸葬續
致桑梓在開元府海鹽縣以其年歲次甲申十一月乙
未朔六日庚子厝於本縣德政鄉通福里澉墅村之原
禮也鸚與府君幸同王事備熟德美洎有葬日令子元

晟元杲泣血而拜請予撰銘誌堅免不從遂命筆聊紀
年代安敢飾詞乃摭實而為誌銘曰　挺生英特邈爾
奇形素蘊豹畧能精武經戈鋋再舉氛祲廓清從茲勇
冠大播家聲盛績既彰威名遂振靜守謙敬動知逆順
惟此侯王賞其忠信不有殊功疇遷劇鎮匡吳志大佐
越功全一人注意百辟推賢方務剖竹宜分重權孰謂
梁木俄題逝川生作忠臣沒留遺策眷彼令嗣恭承帝
澤丹旐斯引元宮已闢萬歲千秋芳塵永隔

劉某妻楊氏

有吳太僕卿撿挍尚書左僕射舒州刺史彭城劉公夫

大隋尋陽長公主墓誌銘并序　將仕郎前福州閩縣丞危德興撰

聿甘露降醴泉生則知顯國祚識明朝使四方服我聖君度其時甘醴應瑞叶祥乃長公主焉公主則弘農楊氏大吴太祖之令女國家閨室之長也太祖以劍斷楚虵手揮秦鹿建吴龍之宫闢復隋氏之山河功蓋鴻灉變家為國編史載籍其可盡乎是知玉樹盤根聳金枝而繁茂銀河通漢瀉天派以靈長將荷碩大之詩必誕齋雍之德太后王氏坤儀毓秀麟趾彰才既諧興慶之祥乃産英奇之女即尋陽長公主也公主逢邱降龎桂影融華稚齒而聰惠出倫笄年而才名

穎衆既明且指早聞柳絮之詩以孝兼慈夙著椒花之頌國家詳觀令僻用偶賢良敦求閥閱之門須慕裴王之族我彭城大卿代承勳業世茂英雄先君首臣社稷於吳朝尋擁麾幢於江夏孫是王恭鶴氅迥出品流衛玠神仙果符僉議蓋標奇於秤象遂應地於牽牛潛膺坦腹之姿妙契東床之選我公主輜軿降於天漢鸞鳳集於閨門在內也則班誠貞箴克修女範配室也則如賓舉按罔怠婦儀奉蘋藻以恭勤佩茝蘭而芬馥常遜言而撫育每恪謹以事親寬恕則僕隸不鞭娣姒則仁明是敬星霜滯換慈愛無渝助君子之宜家實諸侯之

令宗皆公主之賢達也而況敦睦氏族泛愛宗親不以宮闈之貴驕人不以奢華之容慠物既而榮光內外道合鸞鳳感吉夢於熊羆肇芳華於桃李育男六育女六長子曰造祚受鎮南軍節度討擊使撫州軍事押衙銀青光祿大卿撿挍国子祭酒兼侍御史上柱國貌方冠玉才蘊鏗金雅承慶於鯉庭叶好逑於虎帳乃娉于撫州都指揮使司空太原王公之愛女也王氏以綵閨襲美蘭閤傳馨克奉孝慈肅恭禮敬次曰造業試秘書省挍書郎光融氣秀瑜潤德清纔親秘閣之風益顯佚門之美聘雄武統軍潁川侍中之愛女即陳氏焉雖通四

德之覘未展二儀之禮次曰壴遠壴禹壴舜嚴老並幼
而岐嶷志宅之堅剛蘭牙即俟於國香驥子佇追於駿足
長女年甞有字容謂無雙娉婷融蕣槿之英婉孌叶絲
蘿之詠適柯氏柯氏受右軍討擊使詩書立性禮樂臻
身鄧艾晝營必宏遠大劉琨夜舞宅之建殊功次女納鍾
氏禮鍾氏器重珪璋材親廊廟入仕纔趍於館路登龍
必履於朝庭任洪州南昌縣主簿喜氣雖通於銀漢雲
車未會於鵲橋次女四並天資柔惠神授冲和瑞兮瑤
蕣之華慶褰瓊枝之秀苟非公主義方垂訓秉範整儀
峻清閒於聖朝著聲光於玉關則以順義六年中春太

僕卿自洪井副車祑滿皇恩降命除郡臨川隼旟方耀於章江熊軾俄臨於汝水入境已聞於靜理下車頓肅於山川四郊而襁負還鄉万井而飛蝗出境豈止懸魚著詠佩犢推名可以與杜邵齊肩共龔黃並轡公主同駈繡轂內助政經佐褰帷露冕之功贊察俗撫民之化或發言善諫則蕙馥蘭芳或靜慮澄機則珠圓月皎俾連營將士皆欽如母之瑶比屋黎民咸戴二天之恵豈料霜凋瓊樹月墜幽泉祥雲易散於長空彩鳳難留於碧落嗚呼鬢髮方盛蕣顏未央俄夢蛛於疰生忽貽灾於彭殤爰從寢疾遽致膏肓勝理難明欻歸冥寞何期

天道曾不憖遺以順義七年七月廿六日薨于臨川郡
城公署享年三十八歲貞箒二十二春悲乎自有古今
不無生死奈其修短禍福難裁何神理之微茫曷榮枯
之後忽我太僕卿以鸞兮隻影劍躍孤鳴痛哽襟靈韻
悲琴瑟自是政行千里聲徹九重别擁旌旆去迎綸綍
奉親王之傳印寵亞前朝承聖上之優恩榮超太古公
主擢叢福地傍揖魏壇而大卿亟赴名邦正臨瀟嶽諸
子以情鍾陟屺恨切茹荼哀號而泣血崩心踊擗而柴
身骨立吁嗟遐迩駭歎人倫里巷爲之輟舂士民爲之
罷社則以乾貞三年二月二日荷護靈柩以其年三月

廿四日窆于都城江都縣興寧鄉東表墅村建義里莊
西北源式建封樹禮也舉朝祭奠傾郭塗蒭送終之礼
越常厚葬之儀罕及所謂乎我彭城公代著八元家傳
五鼎榮駈貔虎坐擁櫜鞬擐康樂之城池播廉公之穪
袴則何以名光傅粉譽振傳香偶良匹於龍官見起家
於鵲印不有谿戚曷光令猷所謂顙以相從合為具美
者也德興識學荒蕪躬承厚命直旌厥德焉敢讓陳乃
為銘曰　赫赫太祖聖歷符祥厥生令女貴異殊常二
儀合運四德賢良金枝玉葉蕙秀蘭芳降于侯門彭城
劉君棄瑶圃玉遏至山雲宜家慶國襲美垂薰尋陽公

主中外咸聞鸞鳳雙儀遷愴兮飛人間永別冥路旋歸
陰雲颭颭夜雨霏霏泉扃一閉無復閨闈
氏乃十國吳楊行密之女行密子溥僭位封爲壽陽長公主其卒以溥順義七年乃後唐明宗天成二年丁亥歲葬以溥乾貞三年乃天成四年己丑歲也誌一僭王之姊乃鋪張至此諛墓之濫以是爲極標題及誌首兩夫字作扌避行密父怤嫌名也鄧艾盡營盡當作晝如毋之瑶瑶當作謠遽致高盲當作膏肓皆筆誤也民字作𠃏避唐諱

後晉

羅周敬

晉故竭誠匡定保乂功臣特進撿挍太保右金吾衛上將軍兼御史大夫上柱國長沙郡開國公食邑一千八百戶食實封一百戶贈大傅羅公墓誌銘并序　朝請大夫行起居郎充史館修撰柱國殷鵬撰并書　夫天地肅物松柏猶或後凋郊藪呈芳芝蘭焉能長秀故老氏有必摧之歎仲尼興不實之悲衆木低而梁棟傾嚴霜重而祥瑞去物有之矣可得喻焉公諱周敬字向素其先顓頊之裔也封於羅以國爲氏地連長沙因家焉公即長沙之後也曾祖讓皇撿挍司空累贈太師封南

陽王娶宋氏越國太夫人祖諱宏信皇天雄軍節度使
撿校太師兼中書令長沙王累贈守太師累封趙王謚
曰莊肅娶趙國夫人呂氏先薨又娶吳國夫人王氏爲
時之瑞命世而生倜儻不羣英雄自許有唐之末大盜
勃興鎮守一方廓淸千里上則忠於社稷下則施及子
孫烈考諱紹威皇天雄軍節度使守太師兼中書令鄴
王贈守尚書令謚曰貞莊天地鍾秀山河孕靈下筆則
泉湧其文横戈則雷震其武惠惟及物明可照奸曠古
已來罕有其比貞莊有子四人長廷規天雄軍節度副
大使撿校駙馬都尉少薨贈侍中次周翰義成軍節度

傳撿挍太傅駙馬都尉亦少薨次侍中字周允前保大
寧行軍司馬撿挍兵部郎中兼御史大夫柱國賜紫金
魚袋早歷通班繼爲上介綽有器業可奉箕裘公即貞
莊公第三子也性稟淳和生知禮樂早失天蔭幼奉母
儀秦國夫人劉氏即故兗州節度使太師公之第三女
也肅雍無比柔順有聞示以愛慈加之訓導遂令諸子
悉著美名梁乾化初公之次兄方鎮南燕公時年九歲
秦國夫人歸寧於兗州太師之宅遂命侍行至闕下梁
末主宣召入內對敭明庭進退有度上甚器重之遂授
撿挍尚書禮部員外郎仍賜紫金魚袋自此恒在宮禁

出入扈從乘輿與皇親無間侍立冕旒多備顧問無非
辯對深恰宸衷上尤奇之其年秋七月歸南燕甲戌秋
七月公之次兄薨於滑州之公府上聞赴奏乃謂近臣
曰羅氏大勳之後宜加賞延遂命公權知滑州軍州事
撿挍禮部尚書冬十月上表乞入覲十一月至京師朝
謝畢翌日有制授宣義軍節度使撿挍尚書右僕射年
方十歲位冠五侯甘羅佩印之初未爲少達王儉登壇
之日已是老成十二月至自京師乙亥春三月鄴中構
乱河上屯兵況處要衝屬茲征伐事無巨細公必躬親
道路有頌聲軍民無撓政丙子春二月移鎮許田加撿

挍尚書左僕射是歲公年始十二作事可法好謀而成
政絶煩苛人臻富壽忽下徵黃之詔俄諧會尸之期戊
寅秋七月朝于京師有詔尚主公拜表數四辭不獲免
遂授檢挍司空守殿中監駙馬都尉壬午冬十月出降
普安公主傅粉何郎晨趍月殿吹簫秦女夜渡星橋一
時之盛事難儔千古之清風盡在癸未春三月除光祿
卿冬十月唐莊宗收復梁園中興唐祚屬當郊祀無失
職司遂封開國侯加食邑三百戶至明宗纂紹之初除
右金吾衛大將軍充街使秋九月轉左金吾衛大將軍
充街使執金在彤庭之前佩玉向丹墀之上仕宦之貴

無出於斯上以公久居環衛之班頗著警巡之効至戊子二月有制授匡國軍節度使加檢校司徒仍賜耀忠匡定保節功臣下車之後布政惟新福星爰照於左馮暖律又來於沙苑庚寅夏四月上以圜丘禮畢慶澤溥行加檢校太保仍降璽書其年冬十一月朝于京師除左監門衛上將軍九月轉左領衛上將軍辛卯夏六月轉左武衛上將軍癸巳五月除左羽林統軍甲午春加特進階封開國公食邑二百戶改賜竭誠匡定保乂功臣丙申九月唐廢主以汴師北征命公以所部禁旅巡警東門公英斷不回至仁有勇當危難之際立鎮靜之

功淺郊之民于今受賜今皇帝弁門鳳舉洛水龍飛力頻推崇首來入覲上嘉其懿効旌彼殊庸遂除右金吾上將軍義哉出惣藩宣入居嚴衛外則作疲民之藥石内則爲天子之爪牙文武兩班踐楊將遍初禁太盛古之有言壽年未高染疾不起以天福二年七月二十七日薨於汴州道德坊之私第享年三十有三嗚呼皇天莫問徒云輔德之言大夜何長共有殲良之歎上聞所奏惻怛哀慟輟朝兩日厚加賻幣贈太傅君臣之義終始克全公以己丑歲五月娶晉安公主薨於同州後再娶東海郡徐氏夫人即故東川節度使太師第五女也

蕙質蘭姿懿德令範孰念孤鸞之歎自傷黃鵠之歌公
有姪延口見任閑廄副使卽魏博大將軍侍中之子也
朴玉其儀渾金其器度平口口相貌口口口口人欽
口口公亦三子四女長子延賞守太子舍人次延緒次
延宗皆稟庭訓悉紹家聲龍駒鳳鶵得非天性良金瑞
玉自是國楨終天懷風木之悲踣地有蓼莪之痛長女
適郝氏次適婁氏二女方幼諸子皆晉安公主之出也
公主靜惟閑雅動有規儀休聲首冠於皇姬淑德克彰
於婦道帝王之女無以過焉公性不好弄幼善屬文嚴
毅而至和溫恭而難犯言惟合道動不違仁張充一變

之年已功成名遂潘岳二毛之日乃善始令終以丁酉
歲冬十月六日安葬於洛陽縣之原禮也孤子延賞等
泣告鵬曰公之履行爲衆所知公之勳庸歷代罕比若
非故舊孰能縷陳鵬列親表之間受顧念尤最難避狂
簡輒勒貞珉序不盡言乃爲銘曰　積慶之門挺生奇
傑入覲堯庭出持漢節十乘啓行万夫觀政宵旰無憂
袴襦入詠英華發外清明在躬惟忠惟孝立事立功滑
臺去思璧田來暮藹然休光綽有餘裕摛繡文翰傳粉
容儀承顏紫禁飛步丹墀門盛七葉祿逾万石外冠時
英內光帝戚歷事累朝荐逢多難動有成功舉無遺算

秋敗芳蘭地埋良玉山雲晚愁林風夜哭王孫一去兮
不復還陵園草色兮秋黃春綠　洛陽縣清封鄉積閏
村

乾隆五十五年洛水激岸墓陷於水惟石爲土人移
置僅存案周敬薛史有傳祖宏信兩唐書皆有傳父
紹威薛歐兩史皆有傳其官履同異金石萃編攷辨
甚詳晉安公主五代會要載梁少帝女二壽春壽昌
無晉安封號歐史誤作晉安惟薛史不誤周敬兄弟
四人史脫周允未錄撰文之殷鵬薛史云字大舉大
名人誌撰於晉天福二年周敬曾祖讓祖宏信父紹

戚歷官皆在前朝書銜皆加皇字則載筆之誤[illegible]

中簫作蕭戍作戌雛作鶵

古誌石華卷二十五終

古誌石華卷二十六　三長物齋叢書

後周

某君

大唐故府君墓誌銘　維大周顯德元年歲次甲寅十
二月辛丑朔二十日庚申懷州武德縣缺州淸河缺君
諱缺供奉缺巡撿使缺新婦劉氏新婦石氏嗣子長男
缺次男缺次姪永興長男新婦李氏次男新婦□氏長
女□□□次女□□孫女子□姑次孫女子不憐次孫
姪兒不秋　曾聞壽涯修短禀靈臺而□□其分缺千
歲爲遥齡郡路一□夫□爲伉世蓋一至缺彭成郡劉

氏夫人忽□□席救撩無詮何期不缺知身如缺它後難缺置墓缺南二里東南黄蘆缺射犬古城約三里缺河□二里其塋地一□東至□□南至賈□西至□□北至缺父業地缺妙粒缺龍虎缺子孫缺

是誌出於河内之金城村蓋後唐人葬於後周之初者故以大唐標題而文首敘周顯德云云則其葬日也題曰故府君而不書其姓前幅列子孫眷屬之名至曾閲以下方似誌文起處其中復有彭城郡夫人救撩無詮等語殊不可曉文字劣拙石亦剝泐過甚惟末有射犬古城約三里等字大興方君履籛輯河

內縣志據以爲今金城村即古射犬之證可見金石文字不必名人碑版方有資於考据也

李訶妻徐氏

吳越故東海徐太夫人墓誌　李濤撰　夫月滿則虧日平則昃盛衰之道古今所同其有秀而不實者得無痛乎夫人徐氏其先東海人也粵以元元降聖盤係仙樹之端洎唐后啟圖析派天潢之側龍飛鳳翥殷鼎口壇閥閱勳賢無出其右官諱訶任省營田隊夫人嬪渤海缺吳皓僕射缺宣賜禓囊之管轄營田隊務文華擅美器宇宏深夙嫻缺悌之規抗見熹之色百行之美實

無關焉悲娶□□一卒九□三紀何期隟駟難追游波
莫過亭年五十有六偶暫攝調□□□於顯德三年歲
在丙辰九月庚寅朔五日甲□寢疾殞於吳縣令德鄉
之私第也□□夫人有子六人長曰承嗣効□衙內直
番隊充副將次曰承寵係營田甲將次承鄴營田副將
次五兒滿兒淡幼稚未効職員有女三人長曰十八娘
聘於金氏次曰十九娘在室未從伉儷次廿娘捨棄俗
華以投金地於福田寺慕貞堅守緇門精專戒行子聟
一人金氏嫁綰新婦二人長曰沈氏次曰曹氏嗚呼刲
樹告期龜筮叶吉以十月庚申十四日癸酉窆於吳縣

胥鄉臺尚書里闔閭城西去祔五十餘里先祖塋之側禮也特恐天地長久陵谷變遷今嗣號訴願勒貞石以誌於墓溥忝獲知音得不涕泗揮毫敘錄其實而爲之銘曰　委質荒漠凝神上仙遶遶二界茫茫九泉遠岫烟暝高空月懸聲沉永矣松檟蕭然

宋一

邊敏

唐儒林郎試大理評事行幽都府路縣令邊府君墓誌銘　姪魯撰　惟丙戌之歲仲商之月又十六日嗚呼我伯父長官遘疾傾殂於故里以其月二十四日攢塗

於正寢欲循逾月之制得以送終繼逢逐鹿之秋未遑
安厝縣聯歲序可得而知粵有朝議郎試大理評事前
行鄭州鄭縣令兼侍御史賜緋魚袋慎奇光祿大夫守
刑部尚書行御史中丞上柱國陳留縣開國伯食邑一
千五百户歸讜即長官之弟姪也念深同氣痛切嚴書
因感義於鶺鴒遂撫心於霜露特齋餘俸卜葬先靈乃
謂諸姪孫曰方今海宇謐寧三農告隙俾營遠日之禮
貴就叶龜之吉若非刊勒莫紀聲容其所誌銘汝當論
撰罔遺其善弗虛其美曾仰奉明誨難愧匪詞追往賛
今對揚實録謹叙長官姓邊諱敏字德成其先陳留人

也本支百世代不乏賢或魚符而列職或璽綬以聯芳王父諱行存順州司馬神情磊落閑氣深沉抱環偉之奇才蘊中和之至德妥鍾厥後實曰俊明烈考諱承遇任邱令孝治承家溫公秉性蒞事旬勤於夙夜臨民恒示於愛威而教彼子孫備有趨庭之訓敬其祖禰必勤薦享之儀先妣太夫人太原郡王氏天資益秀婦道弥芳含茲淑善之風終啟繁昌之緒恭惟長官英資倜儻偉量恢宏辭才則賈馬無稱孝敬則曾顏讓美當未登顯仕恒奉溫凊見喜色以問安露憂容而侍疾身能禮樂性存典墳爰以赴聘於招弓便可分榮於畢宇擢為

高陽縣令菹政之後嘉聞允彰單父臨民絳有七絲之詠中牟作宰不無三異之稱及罷任之初未及踰載而除官路縣復起頌聲屏宣卧虎之威廳集巢鳩之美立言必雅莫常顯已所長用意絶私未可屈人之短大小之物罔不躬決闕望傎高位祿已重賦潘岳閒居之詠起陶潛歸去之思因罷厥官却訪田里豈謂景福未終昊天不佑碧落之孤雲易失風窗之短焰難停歷任三十年享壽五十八我伯母平昌郡孟氏亦以不登遐壽奄逝流光貞魂諒合於延平青骨同安於萬里有子四人長日照故幽都府永清縣令松鈞定操金玉温身方

傅龔慶之榮俄遘涉洹之夢次日隱前攝鄭州長史仁義兼資溫恭有譽守其祭祀不怠厥初次日延徒以積慶韞光未趨顯仕而歿幼子商裔運州左都押衙以職居鄭外身列陪臣空深怙恃之悲莫奉松楸之禮孫子六人讓能去非光乂霸孫嵐孫天留並謙沖立志詩禮飭身歲礙踵慶之風大有興宗之譽孫女三人義姐王師小姐或訖有絲蘿或年才齠齔克著雍容之德允符貞順之規於戲生而無過歿而有後者其為長官乎幼口口口口口不歌舂杵不鳴歸墟也口連車口乃梁鄧之口贈弔有口則金張之系以庚申年十一月廿四日

安神於任邱縣長邱鄉孝慈里靖隧先墳之次禮也靈
輀駕野丹旐懸窣爰開烏丗之塋實掩賢英之墓恭承
日照嚴旨謹作銘云　博哉貴胄踵慶於門山河其度
金玉其身蘊十善道為百里君立功於國流愛於民豈
期遘禍一旦歸魂爰宅幽壤慮謝音塵爰刊琬炎紀録
其勤日往月来兮良銘此地付子孫兮傳揚萬春
是誌在任邱縣採入河間府志標題曰唐而無卒葬
年號文叙邊敏之卒以丙戌仲商月十六日攢塗於
正寢繼逢逐鹿之秋未遑安厝又曰庚申年十月廿
四日安神於某墳之次自丙戌至庚申相距三十五

年矣唐代以丙戌紀年者五皆無逐鹿之事惟後唐明宗三月即位改元天成其年歲在丙戌閏十年而石晉代之則所謂唐者乃後唐丙戌仲商月乃天成元年八月逐鹿之秋謂權厝後值世亂不克葬也由天成元年至宋太祖建隆元年歲在庚申即葬敏之年不書建隆年號者以敏非宋臣與後漢石暎志書葬曰歲次甲子而不書乾德二年同例又可見宋太祖禪位之初正朔雖頒人心猶未恪奉也敏由高陽令罷任逾年除路縣令歷任三十年其任高陽當在唐昭宗乾寧三年除路縣則在後唐莊宗時矣故誌

首以唐路縣令標題也誌中瓌偉誤作環偉太小之物物當是事務字之誤作誌時敏子日照已卒文末曰恭承日照嚴旨殊不可曉僞爲敏從子稱敏曰長官與日照爲兄弟行稱其遺託曰嚴旨皆有未當云

石暎

大漢故石府君墓誌銘篆蓋 故左武衛中郎將石府君墓誌銘并序 前太子通事舍人米仲武撰并書

公諱暎字先進其先樂安人後世家於京地今則京地人也曾將軍苞之慶胄衛純臣碏之靈苗祖[redacted]考守琊皆公侯繼業鍾鼎傳門載藉昭彰其来自遠公策名委

質夙著令聞孝以承家忠以奉國故得鄉黨稱悌焉朋友稱義焉可謂不忮不忕有典有則者也頃以方事之殷爟火不息而能率先義勇克集茂勳累遷至左武衛中郎將前朝賞有功也公志懷敦素性守謙沖不以榮顯介情但欲優游晦跡而已所冀神降其福天与之齡何圖兆夢泣瓊藏舟奔壑哀哉以歲次[redacted][redacted]十一月十四日遘疾終于私第春秋六十有八夫人孫氏夙稟坤儀素傳內則鼓琴瑟而有節主蘋藻而知禮嗚呼舜花早凋瓊枝遽折天不憖遺先公數稔而亡今以歲次甲子四月庚午葬公于長安龍首原夫人祔焉禮也嗣子

清士冕岳齒湊岫秀莘蒻莪在疚棘棘其形泣血於苴麻竭力於窀穸恐時遷陵谷事或幽封爰命揮毫敬刊貞石詞曰　性柔温温神儀洸洸職叅禁衛位列中郎流芳後代秉義前王奠保永終曷其云亡卜地吉辰素車薄葬爰遷嘉偶及此同壙魂散泉扃神遊繐帳後背重崗前臨疊嶂聊紀世載式昭門望

誌無年號蓋有大漢二字誌曰前朝賞有功也銘曰秉義前王書合葬之期曰歲次甲子蓋暎在後漢時爲中郎將至宋初而卒其葬則以太祖乾德二年甲子歲也於蓋書大漢於卒年缺其甲子以示暎非宋

臣之意

衛廷諤

宋故左千牛衛將軍衛府君墓誌銘　君諱廷諤字德
言□□□□□□□□□□□□□□□□□□□□
□□□□材武為將□□□□□□□□□□□□□
□□□□□□□□□□□□□□錢塼人□□□□
□□□□□□□□□□□□□□□□□□□□□
□□□率□趙氏□□□□□□君君之□□□□府
□□□□□□□□□□□□□承旨改三班奉職以
捕賊功□□左□殿直□□□故□□□□□□□□

□□鉛山稅饒撫廣儲通奉□□天聖中□□□□□
□天下□□□□□□外用能吏今參知政事李公著
□□□□□□□□□□監□州石□□□□□□□
□君以族大自陳得□人□□人□□□□□□□餘
□□□□□□□□□□□除左千牛衛將軍明道五
年□□□□□□□□□□□年七十八君□□四十
餘年所至以廉稱不□□□過□□□□□□□□□
□士大夫所得□□□□盡未嘗問有無□異□□□
□□□□□□□自吾祖父以忠孝爲□□□□□以
儒服稱者今有子□□□□□□□□□□□□存離

州日村民□□□□鬼神以脅其衆君□□□□□
□□□□□□□□上君之功君□曰□□□民窮
而爲盜不過取財以自利耳於是活□□□□□以
自爲功□□□□□悉溥其罪不誅故禮賓□使錢□
□提點本道刑獄見其事□□□□□守曰子之才能
異人遠利誠仁人也君始娶王氏□繼以徐氏□□平
孫□□□□□男五人巽淑鼎觀賁巽用廬今爲右班
殿直鼎未仕而亡□觀□□□□□而文二女早
夭諸孫十餘人君臨終□諸孫曰吾□□此□□
□□□□□以吾歸錢塘巽等奉遺命以寶元二年入

月十三日葬君孟□□□□□□□□□觀□□□
最□□其□□□□□銘曰　衛氏□世以武顯于諸
侯及君則文□□□□□以儒名□□□之於人豈□
哉

此誌見金石萃編所釋僅二百九字亦未計其格數
今得石本挍正其可辨之字較萃編多九十有四萃
編未詳出於何所因文前有錢塘人三字謂廷謂爲
錢塘人又爲歷考諸史衛氏無籍錢塘者廷謂之名
亦不見於宋史及浙江通志杭州府志因爲節撰小
傳以補武林文獻之遺余於中州得廷謂妻徐氏墓

誌拓本以證此誌知廷諤爲河東人非錢塘人也所謂錢塘人者乃言其妻家之籍耳廷諤與妻徐氏皆以寳元二年八月十三日葬於孟州西北二十里北號原郎今孟縣城西之號村詳見徐氏墓誌因與徐氏合葬故文首並及徐氏之貫此錢塘人所由書也至文末有臨終遺命欲歸錢塘其子巽等奉遺命云云錢塘二字疑係萃編誤繹廷諤果籍錢塘其子既奉遺命何以徐氏之誌又出於孟縣其文又何以曰祔于牛府君葬於此耶今據徐誌所載知廷諤此誌亦出孟縣而廷諤之字五子之名則藉是誌始顯耳

衛廷諤妻徐氏

大宋左千牛衛將軍衛君夫人高平縣君墓誌銘　隴西李之才撰　夫人姓徐錢塘人父啟常錢氏王吳越以勤廉事忠懿王為閤門祗候王以土入朝國官並隨附京邸君因止中州□□□□□終於家夫人既長從河東衛君諱廷諤有才略□□□官至左千牛衛將軍夫人封高平縣君子五人巽液鼎觀賁鼎早亡觀等皆舉進士千牛府君歿夫人守家嚴謹□人□□順語言動止率有儀法入門幾六十年為婦為母無毫釐差異諸子有勤學之專者雖竊喜而又念其勞每見其食則

食待其寢則寢其慈愛之厚至此景祐五年春觀等應
禮試不利既黜且以兩經禮部進名則以州長史處之
觀實預之不頗出有相謂者曰子母老何愧易褐以怡
其心觀明日反有就意夫人聞之亟走奴以慰止之曰
汝年且少率弟成進士無效□□以冗名自奧□□□
□□□□□語撫之過其有得類是觀□聞於人夫人
既□□事□□□日有常數外則與諸孫十餘人為戲
自娛其處內晏然甚於貴富家是年秋寢疾月餘八月
十日卒於□□之所居年七十四以寶元二年八月十
三日祔于牛府君於孟州西北二十里號北孫原觀才

而且孝之才其友也故為之銘銘曰　夫材有位子藝
有名宜哉夫人以享其成
此石於今縣城西二十里東容邨出土其東為號村
即誌所謂北號原可見宋時縣在河干矣　是文為
李挺之先生之才撰深宜愛重　此宋衛廷諤夫人
徐氏墓誌其即衛君墓誌字尤剥落馮敏昌并識
是誌為乾隆五十四年馮魚山先生輯孟縣志時訪
出有跋三則分刻左右空處金石萃編成於嘉慶十
年凡孟志所載古碑如北魏司馬氏墓誌四種皆已
採入且備錄馮跋不知何以獨遺此誌萃編又載有

衛廷譔墓誌但云近年出土而未言其得自何所焉山此跋有其即衛君墓誌語亦似不知廷譔自有墓誌者二誌書葬期皆以寶元二年八月十三日葢同日入土葬合而誌分也二誌皆磨泐過甚廷譔誌約六百餘字萃編載可識者僅二百二十三字是誌凡四百字存者不及百字今細爲審釋所缺才二十九字居然成誦矣其中敘五子之名曰巽淋鼎觀賁鼎畢卒七字則石文全泐據廷譔誌補入撰文之李之才靑社人受陳摶种放易於穆修後邵雍傳其學見宋史儒林傳

韓愷

韓愷墓誌銘并序　叔祖開府儀同三司行刑部尚書同中書門下平章事昭文館大學士監修國史上柱國儀國公琦撰并書

愷字和仲，余姪殿中丞公彥之次子，母仁壽縣君張氏。愷天性孝謹，幼識禮義，讀書彊記而善屬文。嘉祐三年秋，方應進士舉，而兄確物故。是冬其父病，愷躬進藥劑，晝夜侍側，不解帶者累月。及其父之亡也，哀毀過甚，不能自抑，既而感疾，遂不可治。五年四月二十二日卒，時年二十。噫！愷之所禀，可謂粹美矣。使天稍畀以年，則其治家也，有不順而睦乎？其得仕也有不忠而幹乎奈何乎吾家之不幸而賦命之短也七季十一月二十九日因余妻安國夫人崔氏之葬乃於相州安陽縣新安村先塋東百步之近得地吉用丙穴以葬愷銘曰　秀而不實夫子之嗟哀哉愷兮遽如是邪

魏公此誌書法絶類顔魯公其人品亦足與之相配柳誠懸云心正筆正非具古人之心者斷不能神似若此此石已歷七百餘年縱橫才尺有五寸鋒鋩鈎勒一筆不損殆其精神貫注而有鬼神呵護之歟公姪公彥名國華新安先塋即公彥冢地而愷附之也

李僑

宋故邵州李大師墓誌　□□□大夫尚書部州防禦判官廳事兼勾管常平等事騎都尉賜緋魚袋□□撰

□□□大夫前知鬱林州軍州兼管內勸農事武騎尉賜緋魚袋借紫□□□周惇頤書　□□郎前桂陽監判官李恬篆蓋

故大師諱僑字希鄭姓李氏邵州邵陽縣人曾大父德貟大父士皆晦德弗仕父□宗由大贈□□郎母鄧氏贈清源郡太君師其第三子也昔中大公隱居連城□□□□□□□以禮義自飭鄉里知其為有德君子也皆以先王稱之□□□

□□□□□□□□居家國子皆有法度故第五子傑
第皇祐五年進士自金部郎中出為荆州軍公安縣令
以渭顧閭師賦性剛介與俗寡諧篤黄老之術且曰道
家清虚淡漠可以寶真余且得優游田里晏亦足以養
吾親矣中大弗奪其志遂為道士修潔專恬道家之書
皆手抄之明日焚香誦黄庭鼓琴賦詩以自娱嘉祐中
三清殿壇生五色靈芝甚異郡守翟公□將繪圖刻章
以姓名聞師曰王者尊事黄耉則芝草生此天地之和
氣感朝廷德化所致儒何預焉崔公是之未幾賜紫衣
晚年屏棄人事足未嘗歷官府大守藍公□□聞其名

往過見之師道貌閑寂神宇和粹因問以衛生之術師
曰寡欲以養氣省事以養神此其術也藍公以為要言
師以元年三月廿七日夜羽化得世壽九十有八□□
□是夕其姪進士楷前永州軍事判官樗前潭州寧鄉
縣主簿榛皆侍側屬纊時神色不亂奄然而逝然後知
師所養有素雖死生之大不繫乎胸次可謂達矣徒侶
□□□□素蔣太古何太初李概伍宗元伍宗德皆
有行業將以二年正月初四日葬師於邵陽縣龍田鄉
王賢里新恩之原永州判官與予游于是來請銘嗟夫
俗好之移久也至於喪己逐物而忘返希鄭生於仕門

獨異衆好豈非憤世嫉邪有道君子者耶銘曰　昔者
張侯隱於嵩高唐之公卿作詩以褒卓矣希鄭高邁羣
倫寄迹老氏以奉其親粃糠利達保養遐齡爲以勵世
遯返幽冥

是誌康熙十二年八月在郃陽縣上賢鄉出土縣人
蔣峩錄其文封石於墓載其文入寶慶府志府志又
據誌撰傳編入仙釋門新舊湖南通志皆因之誌字
殘泐府志據首行希鄭二字以為李君之名其傳曰
李希鄭宋大理卿李傑父也今繹原文首行闕六字
其名適當闕處希鄭蓋其字爾希鄭之父亦闕其名

字曰中大希鄭乃中大第三子皇祐進士名傑者乃中大第五子傑單名而從亻旁其兄希鄭當是取法子產之義故知其名爲僑而府志則誤以爲傑父矣今錄原文畫空方以計闕字其文義可揣者以意補足塡於方内以便暢讀不可知者仍闕之是誌撰文者姓名俱闕書者爲濂溪周子希鄭之卒曰元年葬曰二年無紀元年號周子治平四年以永州通判攝知邵州事（見朱子邵州特祀濂溪先生祠記）熙寧元年去爲廣東南路轉運判官（見朱子濂溪先生傳）治平熙寧兩朝周子皆無二年在邵之事其在邵之衘當曰駕部員外郎永州通

判權知邵州州事見張南軒復邵州舊學記此誌題銜曰知鬱林軍州云云鬱林在宋屬廣東西路周子宦蹟未至其地然則書誌者殆非周子當是邵人前知鬱林者石泐名殘蔣氏誤錄也一統志寶慶府人物有李傑傳云傑邵陽人熙寧進士歷守永州絳州提刑東川元豐中以金部大夫出帥湖南所至皆有能聲官至大理卿買書萬卷以遺郡庠置田數千畝以贍同族據誌載傑以皇祐五年第進士則統志熙寧進士誤也統志謂元豐中為湖南帥當書誌時傑官尚未顯則希鄭之卒當在元豐以前其為熙寧二年無疑然傑以

皇祐五年登第至熙寧二年相距纔十五年其第三兄之壽已有九十八歲則傑之通籍亦已晚矣新通志金石門宋爲治平元年非也誌載希鄭母鄧贈清源郡太君郡當作縣宋無清源郡希鄭父母以弟傑貴得贈書誌時傑官未顯其母不應封郡君當亦蔣氏誤錄篆蓋之李恬當是希鄭族人銜存監判官三字宋時湖南止有桂陽一監故爲補塡前桂陽三字意其人必曾爲監判而在籍者通志宋人物傳有李俊邵陽人以百戶禦猺亂戰死於雞籠山鄉人祀之其名與僑傑相類當亦中大五子之一也附識於此

余輯古誌二百餘種而湖南闕焉是誌雖出而復隱
其文可信故錄之且詳加考按以爲續修方志之據

韓恬

宋故秘書省校書郎韓恬墓誌銘幷序　叔祖淮南節度使司徒兼侍中魏國公琦撰　恬字安之余姪殿中丞公彥之第三子母仁壽縣君張氏幼儁邁喜學讀書彊記而爲文辯速余嘗較公彥諸子謂恬它日必能先取科第以才名自立嘗求補試國子監生程文中等俄丁父憂未幾其仲兄愷與二妹繼亡恬與母張氏益大悲駭不能自安余遇嘉祐明堂恩亟先奏恬得秘書省

校書郎及爲娶職方郎中董之郃之女且以慰其母惸獨之心張氏喜甚屢泣以誡恬令益自修飭以報恩鞠之厚已而張氏復感疾議歸鄉里冀得移其故處而遂平愈八年春不幸疾久卒不起恬既併羅酷罰夙夜號躃幾以殞絶猶能手疏母之行實請余為其墓銘終以哀毀之過其年十二月二十一日亦卒時年二十二女二人長曰壽次曰安女並幼後恬服除董氏以無男子歸其父家壽女者熙寧初元又不育嗚呼禍釁之來未有如恬之一門相仍窮苦如是之甚者也悲夫四年二月二十八日以其叔祖母安康郡太君之葬乃舉恬之

葬于相州安陽縣新安村先塋東其兄確之墓次葬師
所謂穴之外庚也銘曰　父母諸兄兮相繼亡于前二
女之幼兮一復天于後妻無以守歸其家尔獨于茲瘞
其柩何罪而當此罰邪豈數之適相偶邪天乎冥冥吾
安以究　弟試祕書省校書郎跋書

蘇軾乳母任氏

乳母任氏墓誌銘　趙郡蘇軾子瞻之乳母任氏名採
蓮眉之眉山人父遂母李事先夫人三十有五年工巧
勤儉至老不衰乳亡姊八娘与軾養□軾子之邁迨過
咸有恩勞從軾官于杭密徐湖謫于黃元豐三年□月

壬寅卒于黃之臨皐亭享年七十有二十月□午葬于黃之東阜黃岡縣之北銘曰　生有以養之不必其子也死有以葬之不必其里也我祭其從與享之其魂氣無不之也

蘇軾乳母銘自宋至今久矣歲隆慶間黃人得于耕余適過黃見之因憶長公于此母以厚報古人之用情如此眉州判官携有此紙命勒石祠中與眉山並永耳判名□□黃人鄧中陳文炳題　□□三年孟春之吉立石

享與饗通以酒食奉養之辭韓文公祭女挐文曰尚

饗以神道事之也東坡先生此誌曰享年以母道事之也或曰是葢古人隨俗爲之無深意也亦通然此誌用情之厚則與王大令保母誌並傳千古矣

古誌石華卷二十六終

古誌石華卷二十七　　三長物齋叢書

宋

仇公著

宋故定州觀察判官仇府君墓誌銘　承議郎簽書定武軍節度判官廳公事雲騎尉借緋柳子文譔　朝請大夫試將作監上護軍賜紫金魚袋王同老書　宣德郎試大理司直晁端德篆蓋　府君姓仇氏諱公著字晦之與予同在中山幕府每以老成惇重而誠敬之豈弟簡易而心好之見其喜蓄翰墨而不矜文藝練達政事而不急功名若起寒素而不道閥閱久淹州縣而不

求論薦數以是叩之笑而不我告也一日暴疾卒予赴位哭其孤請銘以壽不朽予因得其世次之詳君之先滄州人曾祖諱華任尚書駕部員外郎為青州牧終而家焉後贈工部侍郎祖諱永任尚書屯田員外郎父諱諒任國子監丞累世皆列于朝王文安公君姑之子也文安公由進士第一參預大政為宋名臣封其妣為徐國太夫人而報其外族者甚渥嘉祐三年文安薨于位遺奏補君為太廟齋郎君少往來文安家又因其任宦得貴而從宦四十許年乃止於是然後知君為能安於命不以顛躓蹭蹬為慊也君歷官德州德平縣主簿秀

州海鹽縣尉廣州司理端潮筠三州軍事推官遷天平
軍節度推官監楚州鹽稅以課增羨循爲定州觀察判
官在廣與潮皆能出力治其同事之喪厚賻其幼稚使
脱於瘴癘廣帥賢而薦之潮人德而思之其在楚也使
者欲薦君推以與同僚適得改官其在定也余便司嘗
使按所入粟治其官吏之不職者將加罪焉君覆護保
全竟賴以免此皆常人之所難而君優爲之終以不得
志而無所大施設故隨地以自見所至號稱長者君以
紹聖三年四月初四日卒于官享年六十有一其葬以
是年十月□□日其墓在青州□固鄉雲門里君娶王

氏先卒子男一人忞女二人長適進士劉愈季居室子
以僚友之義不可以不銘銘曰　昔在漢覽赫奕循吏
徙家于青豈其苗裔州牧郎星佑我聖世問我諸姑□
□教子胡不相君我禄我仕用嗇於材譽騰於里惟壽
與官匪天孰柅岸谷有遷斯銘以識　蘇從禮刊

誌在青州府學鄉賢祠壁

韓宋厚

宋故承議郎充慶成軍使兼知河中府榮河縣及管內
勸農事驍騎尉賜緋魚袋韓府君墓誌銘　朝散郎前
通判永興軍府兼管內勸農事兼陝西制置解鹽司句

當公事上輕車都尉賜緋魚袋朱光裔撰　朝請郎充
集賢殿修撰知鄧州軍州兼管内勸農事兼京西南路
安撫司公事上柱國賜紫金魚袋杜紘書　朝請大夫
管勾西京嵩山崇福宮上柱國賜紫金魚袋吴安常篆
蓋　紹聖元年六月廿九日承議郎慶成軍使韓君卒
於官所享年五十三越四年九月廿二日葬於潁昌府
長社縣嘉禾鄉靈井里先塋之次嗣子狀君世緒德美
抵予曰先君之葬有日矣敢請銘尚顯揚於不朽予惟
親友之契不宜以固陋辭君諱宗厚字敦夫潁昌府長
社人也曾祖諱保樞贈太師開府儀同三司陳國公祖

諱億皇任太子少傅致仕贈太師開府儀同三司冀國
公謚忠憲考諱緯皇任尚書比部郎中知解州贈右光
祿大夫曾祖妣郭氏周氏並封陳國太夫人祖妣蒲氏
王氏並封冀國太夫人母仁壽縣太君李氏故太子少
傅致仕謚康靖李公之女君以康靖公蔭補太廟齋郎
初任徐州沛縣主簿秩滿授江寧府上元縣主簿大興
水利溉汚萊爲良田者至二千七百餘頃創爲堰閘視
時水旱而均節之民獲其利歌詠載涂丞相王文公爲
守上其狀於朝以勞應格特轉光祿寺丞文公知其才
事多委於君以辦治稱知溫州永嘉縣簽書天平軍節

度判官廳公事河決曹村口水暴至城下危在漏刻君建議浚古黄河故道以殺其勢太守而下畏避不決君請獨任其事水一夕而涸郡民欒在父爲人毆傷在往報之吏廿五日而卒獄具當抵死君曰父被困辱而爲此情有可矜太守嘉其議爲讞於朝得減死論孫宗者以忿殺人吏鬻其獄罪止於杖君摘發姦狀卒致於法歲饑詔貸常平種錢有司并給仕宦之家君以爲非朝廷惠養困窮之意不當濫及遂止發書鎮安軍節度判官廳公事時有劇賊未獲捕者利重賞執小盜以告因交通獄吏鍛鍊成罪君臨訊立辨其誣爲正其獄後竟

獲眞盜一郡稱爲神明京畿積水爲害議者欲隨勢疏
決自陳達於蔡河君曰陳地卑下歲苦流潦今又并受
衆水是使鄰境爲壑民必受弊事亦不行君自光祿寺
丞四遷至承議郎賜六品服娶張氏封仙源縣君再娶
朱氏封長壽縣君男八人珵太廟齋郎卒琉郊社齋郎
瑛瓛未仕餘皆早亡女四人長適前登州防禦判官劉
復次未嫁而卒二在室孫二人君天性樂易通敏篤好
學問屬文敏速而壯麗可喜有文集百卷藏於家光祿
公捐館養母夫人左右順適得其歡欣歲時甘珍之奉
雖遠必致君之亡也母夫人悲思曰天奪我孝子矣韓

氏大家君處尊卑間曲盡敬愛遇人推誠相與久而益
親長於吏治雖案牘叢委一視察其隱伏吏人畏惕不
敢欺屢佐顯人事有不可者守正不移雖在卑官以氣
節自任練達當世之務嘗上書言元祐間更按問法天
下斷獄死者滋衆請復舊條乞比照州縣獄死之囚數
多者行罰皆根於仁厚之意王文公爲世儒宗樂教育
後進君嘗執經請益得其精微之旨既輔政同時預丈
席者多被薦擢屢欲用君而輒齟齬不諧通塞之分豈
人力也哉銘曰　夙稟軼才自負奇志諷經儒宗究極
精義篤於內行竭孝奉親恩均宗黨愛譽欣欣當官而

行弗倚弗比平反庶獄建設長利竝游之俊力駕騰驤
君獨不偶命也何傷屈於遠用尚有修名刻石垂休後
裔其承　潁川古翔刊字

韓億八子宗厚爲第七子緯之子宋史本傳億謚忠
獻此云忠憲與東都事畧同蓋史誤也宗厚以外祖
李康靖蔭入仕嘗執經王文公安石門下卒以齟齬
不諧未受薦擢其人品尤可嘉尚撰文之杜紘字君
章宋史有傳

游師雄

宋故朝奉郎直龍圖閣權知陝州軍府兼管內勸農事

兼提舉商虢等州兵馬巡檢公事飛騎尉賜緋魚袋借紫游公墓誌銘　朝請郎直祕閣知潭州軍州兼管內勸農事兼荆湖南路安撫充本路兵馬鈐轄驍騎尉賜紫金魚袋張舜民撰　朝散大夫直龍圖閣權知秦州軍州兼管內勸農事兼權發遣秦鳳路經略安撫使兼馬步軍都總管公事騎都尉賜紫金魚袋邵龢書　端明殿學士中散大夫充涇原路經略安撫使馬步軍都總管兼知渭州軍州事管內勸農使上柱國賜紫金魚袋章楶篆蓋

公諱師雄，字景山，姓游氏，世居京兆之武功。曾祖永清，祖裕，皆潛德不仕。考光濟始為大理寺丞贈朝請郎公爲兒時不妄戲哄聞弦誦聲則悅而慕之授以書如夙習握筆爲詩語已清拔年十五入京地學益自刻勵蚤暮不少休仝舍生始多少之已而攷行試藝屢居上列人畏敬無敢抗其鋒橫渠張載以學名家公日從之游益得其奥由是名振一時豪俊皆慕與之交宿望舊德爭相引重治平元年鄉舉進士第一遂中其科授儀州司户參軍郡委公以學校公徙而新之士皆就業其後登科者繼踵丞相范公爲轉運使聞而薦之於是使者識與不識爭薦其能忠獻魏公在長安遣公督芻糧築熙寧寨及使相視兵變會胡盧河定西

三川之地復中利病魏公愛其才蔡挺帥涇原以公權管勾機宜文字熙寧四年遷德順軍判官時初議役法常平司以公相度秦鳳路公條畫甚多其後朝廷下陝西役法悉用其説韓康公爲宣撫委公同提舉常平劉琯往鄜延與主帥措議戰守之策初琯欲自延州入安定黑水堡過綏平寨地逼賊境公疑其有伏請由它道已而諜者至言西夏嘗伏精騎數千於黑水傍伺其過掩之將詰以機事琯驚曰向非公墮於虜矣趙卨帥延安以公權管句機宜文字夏人將擾邊時鄜延之兵與戰具悉爲保安囉兀二將所分據自延州龍安以北諸

寨無屯備尙患之公爲謀蒐義勇以守且聚石於城上
以待寇夏人聞其有備迺引兵入麟州蹂蕘堆三泉而
歸韓康公嘗遣公按視囉兀城撫寧和市公言囉兀無
井泉撫寧在平川皆不可守康公然之未幾撫寧果陷
賊中囉兀終棄而不用丁母艱服除充鄜延路經略司
勾當公事復從趙卨之辟也熙寧七年河溢壞永寧關
寧和橋商賈道絕河東之粟不入於鄜延有詔治橋甚
急議者謂石岸險用力多非期以歲年不可就公往經
度兩月而成人皆服其神速時旱甚卨委公以行諸壘
振貸公使弓箭手漢蕃戶磨鎧運石浚溝完壁計口而

援粮人無殍亡邊備因之以固八年王師征安南趙卨為宣撫招討副使首辟公舍于同文館卨方迫奏稟不暇省文檄皆倚公以辦王韶為樞密副使謂卨曰幕中得士良可賀也軍將行聞父憂有旨給告百日復赴軍公丏以終喪凡三被詔懇辭乃免卨之行與主帥郭逵議不協公憂其無功恐以書勉之其後皆如所料服除陞穎州團練推官秦帥呂大防辟充管勾機宜文字朝廷命徐禧計議邊事禧持議不同大防遣公往條白禧悅其言留之數日邊議始合禧歎曰諸幕府如游君復何慮元豐四年王師問罪夏人轉運副使李察辟公句

營公事軍駐靈武餽餉之計公力為多陞忠武軍節度
推官充涇原路經制司勾當公事未幾以疾辭歸趙卨
師慶陽再辟公管勾機宜文字環慶當用兵之後扶傷
補弊師壯民安皆公之賛畫卨移延安范丞相代之留
辟事無巨細一以付之元祐元年改宣德郎除宗正寺
主簿朝廷以夏人久為邊患思有以懷来欲以四寨歸
之未决執政以公習知西邊事召問之公曰四寨先帝
所克所以形勢夏人者也上當守而勿失奈何輕以畀
人且割地以紓邊患不唯示中國之弱將啓蠻夷無厭
之求四寨既予廬南荆粤如有請者亦將予之乎非特

此也若燕人遣一介之使奉只赤之書求關南十縣之地者又將予之乎六諸侯割地以餌秦當時猶以為恥安有以天下之疆域而棄地以悅夷狄者耶因進分疆語錄二卷而主議大臣不聽卒棄四寨夏人夷其地而不有侮侵加前二年春遷軍器監丞夏四月吐蕃寇邊其酋長鬼章青宜結素號桀黠嘗中陷河州踏白城殺主將景思立者也元祐以來例行姑息因乘間脅屬羌結夏賊為亂謀分據熙河朝廷患之擇可使者與邊臣措置僉以公行公奏以謂奉使絕塞兵謀軍勢間不容髮俟中覆則失於機會欲如古者大夫出疆之事上

允其請許以便宜從事公既至諜知西夏聚兵于天都山前鋒已屯通遠境上吐蕃之兵欲攻河州鬼章又欲以別部出熙州公將先發以制之告於熙帥劉舜卿舜卿曰彼衆我寡奈何公曰在謀不在衆鬬智不鬬力此機一失後將噬臍儻不濟焉願爲首戮議三夕而後從之迺分兵爲兩道姚兕將而左破六逋宗城斬首一千五百級攻講朱城斷黄河飛橋青唐十万之衆不得渡种誼將而右破洮州擒鬼章及大首領九人斬首一千七百級餘衆奔潰溺死者數千人洮水爲之不流遺鎧仗芻糧數万於是奏捷曰臣聞熔天威震皇武所以討

不庭也今西夏援策而弗謝輒陰援吐蕃鬼章結搆
姦欲為邊患臣與宋師合謀將義兵行天誅賴陛下聖
神陷陳克敵斬獲以万計生擒元惡係送北闕下頓戮
尸槀街蠻夷邸間以示萬里書奏百寮班賀遣使告裕
陵朝廷欲厚賞公而言者謂邀功生事必開邊隙甚則
欲坐以擅興遂薄其賞止遷奉議郎賜緋先是青唐酋
長來告主帥曰董氊死阿里骨祕不發喪詐以為嗣當
立請封於朝廷已而復殺董氊妻心牟氏因溫溪心部
族首領國人怨之若中國以兵問罪於境上當煞阿里
骨以献願立董氊之後以安國人主帥未納公方使而

聞之喜曰此天賛我也以利害上於朝且曰君遣趙醇
忠於青唐城依府州折氏世受封爵則西方可保百年
無變矣會鬼章就禽其事遂寢出為陝西轉運判官行
郡邑則首興庠序過田里則親勸農桒新驛傳四十餘
區輪奐之美甲於天下自周秦以來古迹之堙沒者皆
表之以示往來鑿故關山道為坦途便熙秦之飛輓長
安之北涇陽櫟陽沃壤千里而水不浸灌公教民濬溝
洫引涇渭之流於是溉田數千頃自陝以西水利之興
者復万餘頃民賴其惠熙河地不種粟粟由它道往者
常高其直而後售而馬亦病於無草公以粟與農具給

漢蕃諸民而教以耕種之法不數年所收富於內地又課邊人種木所在森蔚其後公私材用皆取足焉五年移秦鳳等路提點刑獄公事遷承議郎加武騎尉完郡縣之獄且授以唐張說獄箴使置之坐右朝夕省觀盡心於聽訊買書以給學者開大散關路利巴蜀之行人自朝廷棄四寨之後熙河與夏人分疆至是未決命公往視之具利害以聞由是形勢之地皆為我有六年夏賊寇涇原復入熙河殺掠甚衆公上疏曰元豐以托土為先故進築之議略元祐以和戎為務故進築之議廢今蘭州距賊境一里而通遠軍不及百里又非有重山

複嶺為之限障犬羊之勢得以潛窺而輕寇邊民不安
其居者屢矣宜自蘭州定遠城東抵通遠軍定西城與
通渭寨之間建汝遮納迷結珠龍三寨及置護耕七堡
所以固藩籬使寇至而不可犯此邊防無窮之利也疏
入不報公又論士民之親死而不葬寓骨於佛舍歲久
暴露於風教有傷宜立法以禁之其貧而死於道路者
顓委郡縣給閑田以聚葬如周官墓大夫之法又言州
郡奏疑獄下其案於刑部大理寺往往歷歲時而不降
淹獄緩刑宜有以督之又上役法廿條朝廷多行其説
七年召拜祠部員外郎言天下祠廟多頽弊春秋薦享

牲瘠酒漓非所以散鬼神嚴祭祀也頒申戒州縣改工部員外郎鄜延闕帥上欲用公御延和殿諭宰執上三問不荅既而對以資淺姑再使以待之迺除公集賢校理權陝西轉運副使同列欲變民租爲錢意在收羨餘以獻公面折之曰五路宿兵以待餉反令輸錢錢可食乎借若絫藏盈積而倉廩空虛邊陲有警師徒霧集君能任其責耶同列無以應内州兩稅支移於邊者民常以爲病公爲奏曰在昔邊土不耕仰粟於内故設支移之法今沿邊之粟既多糴之軍食自足宜令内州稅户隨斗升計地里輸脚乘錢以免支移之勞既可以休民

力又可以佐邊用公私便之九年遷朝奉郎加雲騎尉以疾丐郡有旨免按行以自養猶上章堅請乃召赴闕上謂輔臣曰有自西方來者言游師雄已發旦夕當至矣輔臣初皆不知及將陛見班當第四御筆陞班第一既賜對上顧謂曰知卿所苦已安殊可喜也公方謝上又曰洮州之後可謂奇功恨賞太薄耳公對曰平黠羌執醜虜皆上稟睿筭臣何力之有焉叨被寵光實已過其分矣但當時將士奮命力鬬而其勞未録此為可惜因陳其本末又奏元祐中嘗議築汝遮等寨上皆然之復面諭公將付以邊閫公辭以疾乃除衛尉少卿上數

問公邊防利害公即具慶歷以來邊臣措置之臧否廟堂謀議之失得及今扞禦之切務凡一十六事上進曰紹聖安邊策紹聖二年懇求外補以公知邠州未幾改守河中府時河中久旱公入境天即大雨民皆歡謡又自中條山下立渠堰引蒼陵谷水注之城中人賴其利三年春遷直龍圖閣權知秦州兼權發遣秦鳳路經略安撫使兼馬步軍都總管加飛騎尉方及境被旨攝帥熙河時夏賊寇延州塞門寨諸路皆屯將兵於境上以坊不虞久而衰罷公至則命解嚴撤備以休士卒已而虜亦不犯人皆服其持重西鄙自破洮州之後如于闐

大食拂林邈黎等國貢奉般次道常不絕朝廷憚於供賚抑留於熙河限二歲一進公奏曰夷狄慕義万里而至此太平之盛事漢唐欲之而不得者今抑之使不即朝於闕下恐非所以来遠人也朝廷從之於是異國之使接踵於中都焉夏五月朝廷遣使與熙河涇原秦鳳之師合謀以制夏國使者銳於成功意在討擊公以謂宜且進築城壘以為藩衛席卷之師未可輕舉因上疏論列不報而使者月持攻取之說以迫公度不可共事迺三上章求引避六月被命還秦再求内郡移公知陝州其後使者悟攻取之難卒用修築之議如建汝遮寨

金城關皆公已陳之策也四年自陝及雍大旱公日夕
齋戒禱雨已而霑霈境内獨豐民無流徙而旁郡飢殍
相枕於溝瀆陝當西道之衝兵民繁夥使傳旁午為守
者憚之公撫治有經應接多暇不見其勞擾居無事時
常親至學舍執經講問以勸諸生七月六日以疾卒於
治享年六十公初寢疾有星殞于州宅思邵堂下光熠
熠赫不數日而終人咸異之公娶張氏承務郎程之女
封仁壽縣君賢淑有婦道先公六年卒子八人靖前河
南府左軍巡判官䇓勾書寫秦鳳路機宜文字竑竩竏
竦皆舉進士端翊郎奴早夭女一人適前蔡州遂平縣

尉李圭孫男四人孫女一人尚幼以其年十月丁酉葬
于京兆府武功縣西原鳳凰岡之先塋以仁壽夫人祔
焉公有文集十卷奏議二十卷藏於家公幼喪母東陽
縣太君習氏惸然悲啼人不忍視及事繼母江陵縣太
君楊氏尤以孝行著於里中嘗侍疾衣不解帶者累月
既執喪毀瘠過制朝請君歿于延安公被髮徒跣躬負
其櫬而歸行路為之傷惻友愛其弟師韓甚篤嘗遇明
堂推恩不奏其子而以師韓為請朝廷雖不從而人皆
義之不喜聚貨財廣田宅為子孫計獨以賙給親舊為
心族人生無以贍死無以葬者皆公是賴故卒之日家

無餘貲從官二十餘年率常在邊塞其蕃漢情僞將佐
才否以至熟羌生界住坐山川險易種落族姓靡不周
知拊循勞問下逮孩幼故遠蕃之人莫不懷附及攝鎮
洮州羌人歡呼爭迎於境上比其去漢蕃士卒泣訴于
走馬承受曰為我聞朝廷使公且留此所至民尤愛戴
其殁也陝民號慟如喪其所親而庸人之哭奠者相屬
於路羌酋邊率舊將故吏多繪公之像而事之者其後
于闐之使入貢必過公之墓而祭之其得人心如此公
恢廓敦大不事邊幅瀟然莫窺其涯遇人接物未嘗忤
其意至於論當世事則毅然正色辭勁而不撓雖人主

前亦不阿合尨右方恐懼而公言益讋讋臨危難不頓其身嗚呼才猷器識度量風槩瑰奇卓絶如是而不得盡所藴焉可不爲惜哉銘曰　游本姬姓吉興于鄭元魏靖侯儒風聿修悠悠千禩典刑孰繼篤生陝州文武之器文則華矣其武伊何矢謀于軍書勞實多在昔熙寧鬼章方命先帝不誅以待嗣聖嗣聖繼明公初請纓指蹤將士機發雷霆既破洮州仍馘醜虜告慶廟陵百寮蹈舞竄髮鬼區讋我皇武桓桓奇功焜燿海寓乘軺關隴剖竹蒲幽省曹卿寺出入拖紳忠以利國仁以愛民其所施設同風古人憬彼夏羌屢齧西境公提將符

嶽立山挺忽從一邦志不獲騁乃令犬羊倘保要頸大
勳未遂非公獨然膺頗去趙樂毅離燕惟有令名炯如
星懸刻銘幽宮萬世哀焉　京兆安民安敏姚文安延
年摸刻

撰者張舜民篆者章粢宋史皆有傳舜民字芸叟邠
州人粢字質夫浦城人書者邵龢字仲恭丹陽人嘗
學書於蔡京見書史會要及鐵圍山叢談游師雄東
都事畧及宋史皆有傳全採此誌宋史稍詳事畧最
簡皆有省無增誌字景叔傳作景升事畧之譌也誌
云鬼章又欲以別部出熙州史作出熙河熙與河是

二州是時吐番欲攻河州故鬼章又欲出熙州不得合熙河爲一地志云今蘭州距賊境一里傳作一舍一舍則三十里矣建汝遮納迷結龍珠三寨傳作安遮權陝西轉運副使傳無副字凡一十六事傳作六十事被旨攝帥熙河傳作熙州時熙河等州置經畧安撫使總轄之不得單舉熙州此則宋史之譌也誌中所稱丞相范公忠獻魏公謂范忠宣韓魏公也韓康公謂韓絳也皆倚公以辦奉只赤之書借辦爲辦借赤爲尺皆古字通用尺之作赤石墨鐫華引爲經雉上有丈鷄上有赤又華山石闕云高二丈二赤平

等寺碑云高二丈八赤揚用修以尺牘爲赤牘皆尺
赤通用也當槃阿里骨以獻元豐以托地爲先借槃
爲殺借托爲拓則俗字也又犬羊之勢句勢當作牲

趙揚妻蘇氏

宋仁壽縣君蘇氏墓誌銘幷序　承議郎勾當亳州明
道宮劉次莊撰幷書　次莊少時先人遇客名儒必奉
巵酒接慇懃講儒學事列次莊昆弟侍奠得萬一教訓
其中故湖北轉運使秘閣校理趙大夫公揚於次莊輩
寵獎飭誨勵後公迎婦廣西往来道長沙益爲曲折熙
寧中公通判潭州次莊爲屬縣尉公喻次莊士當自奮

拔即教上書天子因名見留中都紹聖四年次莊來居
陳公之夫人仁壽君適卒於陳之項城其子將護夫人
之喪祔青龍山掖理之墓論譔次莊職也謹誌而銘之
廣西轉運使贈禮部侍郎蘇公安世慶歷中以三司戶
部判官治歐陽脩寃獄白脩無罪以此名聞天下丞相
王文公嘗誌其墓曰蘇君一動其功於天下豈小也哉
夫人其季女也少喜誦詩書黃老之言趙氏名族及歸
以敬肅範儀其家兒女子稍長校理與夫人共訓導使
學不得怠弛趙踈戚有女失怙恃夫人取之養育迨笄
為具資嫁表姪梁傅無所倚仗與之娶致貧纔得祿亥

跐陷邕州裨將死其妻脫身丐食北走至郃陵夫人厚
撫遺眞送千里還其家太原郡君王氏其子敗官客商
水乏食歲時爲賑活平生囊無餘資槩以此存守吐納
鍊氣服餌之術夫人悉曉通之晚復究明性相寂滅之
理紹聖四年十月十四日將奄棄疊足屈指若釋氏結
印狀神色凝定後七日家乃敢殮子三人昫德順軍司
法參軍嚎朝城令岍項城尉女三人適長社毛球宣德
郎知長安縣陳祐通直郎知郃州張謗云銘曰　蘇世
武功裔於蠶叢蜀亡其東有顯秩宗迺生淋女峻厥軌
度褰解不儲職施之故宅彼高崗雲木蒼蒼以永其藏

莫窒其光

趙揚爲趙抃之弟抃有二弟一曰抗一即揚也王荆公誌蘇安世墓云女子五人其適單州魚臺縣尉江山趙揚者即仁壽君也歐陽公以孤甥事爲言官所訐安世直其冤誌謂丞相王文公誌其墓即荆公誌也南嶽總勝集載大觀二年移建本命碑爲通直郎權潭州通判兼軍州事趙岍文并書即夫人第三子也劉次莊元祐中御史嘗摸刻閣帖於臨江軍又爲釋文十卷此誌在江寧城外祈澤寺壁間作婦人誌前敘已與趙交誼甚詳體例一删惟不書享年若干

及葬於何日則其疏也

古誌石華卷二十七終

宋二

韓宗道

宋故通議大夫充寶文閣待制上柱國南陽郡開國侯食邑一千三百戶致仕韓公墓誌銘并序　朝奉大夫充集賢殿修撰知泰州軍州兼管內勸農事上輕車都尉曾肇撰　朝請郎試中書舍人兼侍講上輕車都尉賜紫金魚袋趙挺之書　左朝議大夫寶文閣待制知潁昌軍府事兼管內勸農使京西北路安撫使吳安持篆蓋　太中大夫寶文閣待制知杭州兩浙西路兵馬

鈐轄上柱國南陽郡開國侯食邑一千三百戶韓公諱
宗道字持正年七十有一上書謝事優詔許之遷通議
大夫命未至公卒於位三子曰璩曰瓌河南府軍巡判
官曰珙承務郎皆前死一孫昺郊社齋郎其弟朝散郎
宗直請於朝往護公喪既而枉道過予爲公請銘予與
公同時爲郎尙書已而偕爲從官既故且戚銘其可辭
韓氏世家常山自累贈太師開府儀同三司冀國忠憲
公諱億以文學起家致位政府始葬其父累贈太師開
府儀同三司陳國公諱保樞于潁昌府之長社縣遂爲
潁昌人忠憲公八子二爲宰相一爲門下侍郎一知制

誥知制誥者諱絳累贈太尉公考也世德淵源其來有
自至公三世而盛大光顯寶幾百年其間魁壘傑出爲
一時之望者相繼有人至於孝謹恂恂行稱於家材見
於事者亦多可紀公其一也公孝友慈祥自少無子弟
之過事諸父盡子職不獨於親然也其遇人豁然不立
畦畛其爲吏廉平無私所至勤勞公家不簡細故雖貴
且老未嘗怠以止也其爲近侍中立不倚不事夸奪雖
有悻心者莫之忌亦莫得而侮也故在家爲賢子在官
爲能吏而在朝廷爲良士孔子稱詩之夙夜匪懈又曰
無忝爾所生以爲大夫士之孝若公可以當之矣初公

以忠憲公恩補將作監主簿三遷大理評事監潁州商
稅務會汝陰闕縣令號多職田前攝事者得所人而州
俾公代公辭不得則過職田期而後往代□公年尚少
衆伏其廉嘉祐四年鑠其廳中進士第知□州餘姚縣
公仕潁已有能聲至是摘姦宇良治行□□歷監在京
皮角庫簽書彰德軍節度判官事歲饑□發官粟貸貧
民民賴以濟熙寧初知巴州時天子□用二三大臣鼎
新政事公以名家子有聞於時近侍多□公宜在臺閣
大臣亦雅知公會公叔康國公去相位□擢公城都府
路轉運判官兼管勾常平農田水利差役事講議法制

必究利病因革損益視理如何不務紛更不膠舊貫繇是一時同事者初雖異意卒皆紬已從公復其平正而凡有改爲蜀人不知其擾入爲開封府判官復出提點河北西路刑獄徙淮南路轉運副使兼提舉常平市易事入遷尚書工部郎中時市易法初行任事者希功旁緣漁奪公數裁之不聽則致之于理朝廷聞之遣官行視任事者得罪去公亦從知廬州蓋公嘗不撓其守類如此歷知鳳翔府潞州官制行名爲尚書戶部郎中太府卿元祐三年擢權戶部侍郎均莭食貨號爲稱職真拜刑部侍郎未幾復爲戶部以寶文閣待制權知開

封府聽決平恕不事苛察守中循理不苟虛譽歲餘復還戶部五遷太中大夫紹聖初除寶文閣直學士知成都府以喪子辭求便郡迺以待制知陳州徙青州兼京東東路安撫使又徙瀛州兼高陽路安撫使又徙杭州卒時紹聖四年七月甲子也元符二年十一月十四日葬長社縣嘉禾鄉祔忠憲公兆公在朝數言事嘗請擇守令明黜陟以覈能不立嫁娶喪祭之制使貧富各安其分詔有司節浮費興遺利量入爲出以制國用它所建白類如此有文集二十卷藏於家母劉氏追封韓國太夫人妻聶氏追封許昌郡君一女適祠部員外郎宋景

年孫女三人長適西京伊陽縣主簿宋晟餘尚處銘曰
有偉韓宗肇自奠公子孫馮厚益熾而崇有公有孤
曰仲叔季亦有持橐從容諷議猗與南陽克紹厥世登
惟勢榮德亦是似崛起于少吟哦六經出偕寒儁擢第
王庭迺使四方弼國若否迺將八州宜民父母地官之
亞天府之長在人無非在己無枉既果於退亦全其歸
命書在道歿有光輝潁川之郊其原膴膴將以無怍往
從父祖
宗道爲韓億次子綜之子附見宋史及東都事略綜
傳不及此誌之詳此誌及前宗厚誌皆在許州東北

三十里前誌云嘉禾鄉靈井里先塋之次此云嘉禾鄉祔忠憲公兆蓋皆祔億而葬也譔者曾肇書者趙挺之篆者吳安持宋史皆有傳肇字子開南豐人肇弟挺之字正夫諸城人安持附見吳充傳充之次子也誌云嘉祐四年鏁其廳中進士第宋制凡見任官應進士舉謂之鏁廳所屬官司先以名聞得旨而後解宗道以大理評事及第故曰鏁其廳也

楚通叔妾朱氏

宋故夫人朱氏墓誌銘并序　承議郎致仕雲騎尉賜緋魚袋李壽撰　奉議郎武騎尉賜緋魚袋趙欽明書

并篆蓋　夫人姓朱氏河南緱氏人自幼歸故達州司戶參軍楚公諱□中字通𡉏通州娶孫氏夫人事之勤而盡禮孫夫人臥疾彌年夫人夙夜供侍藥餌略無倦色逮孫夫人卒夫人□□□事司戶公尤謹恪閨門雍肅內外歡心司戶公恬不求仕仁以愛物好施與賙急難賓客親舊至者不問識與不識待之均禮故食客無虛日夫人周旋應辦無乏之事生二男三女長曰照任河陽莭度推官謹厚詳審季父正議待制公諱建中奏請于朝以為其後宜解官持服以襄大事次曰庶任信陽軍錄事參軍先夫人一月而亡長女適陝州陝縣令王

綝早世次適瀛州監押東頭供奉官張恂次適汝州魯山縣令文□孫男三人長曰輿義郊社齋郎次曰輿民次輿女孫六人並幼夫人賦性寬厚處已儉約喜怒不形於色語笑不妄爲發司戶公捐館是時庶尚幼賴其兄教育成人後至入官與兄皆在仕路夫人因迎侍之官日屏家事唯誦佛書究其理而已庶任信陽錄叅到官半載因疾而卒訃至照即遣男假承務郎輿國迎夫人洎孤幼旅櫬北歸次潁陽故里夫人遽感河魚之疾照亟謁告□歸侍疾未幾卒于居第寔崇寧二年八月二十八日也享年八十有一卜以當年十月二十七日

葬于河南府河南縣尹樊田萬安山之陽司户公塋之右丐銘于予予素荷司户公之□舊義爲其銘曰　勤勞其初享福攸厚優游榮養八十其壽安之幽堂慶流不朽　玉册官□□刊

誌在洛陽縣行書

孫觀

宋故贈朝散郎孫公墓誌銘　朝奉郎行秘書省校書郎兼國史編修官編修六典撿閲文字賜緋魚袋許翰撰幷書　承議郎秘書省著作郎編修六典撿閲文字李敦義篆蓋　政和三年余入校中秘書所与並游往

往鮮明辯麗英發可喜而魯國孫君聖求獨靖固淵塞
渾然難知余心異之曰此豈非曲阜闕里之風也哉吾
今乃知天以夫子之教興於魯者因其質厚如此而文
生之也後二年謁其丈人大夫公於東郭私第聽其議
論重德人也又一年其家卜葬其先大父則狀其行与
事而請銘於余余既得交於聖求父子閒又得於此考
觀其世德之經緯本末喟然歎其積之遠矣因益見魯
多君子足以發吾昔日之言為不妄也遂書其躅而銘
以亂之君諱覲字明之兗之泗水人曾祖諱程祖諱榮
考諱逵世世以農服田至君之考乃盡劃膏腴以與兄

弟而自取磽薄力耕其中君少而孤食麄攻苦事繼母撫諸弟以立家毋為敕戒所生無得恃吾故亂兄治官府有政與勤其弟吾寧以身往役發於誠心以故上下依懷閨門大和歲惡人爭貸粟於官君獨不往曰今自刻厲尚可以生貸而不能歸是欺國也其居鄉能以義槩動人沉毅慨慷時有俠氣有惡少自以負君妄意君心結客數十撫刃從君君正衣冠而叱之惡少心震氣褫失刃墮地數以云云不覺膝屈請得改事君因与講不復帶芥巨寇將至鄉人大擾謀從避之君止之曰少竢我即持牛酒造寇壁寇見因留與之醉飽歌呼相樂

輸以其情寇壯而義之爲引去有故家子嗜酒不羈君見戒以無類家聲發怒辱君〻謝遇之益厚其人愧之終身避君縣吏與君不相能薦數中以吏事後敗困窮君反賙之吏愧亡匿曰無面目見孫君矣蓋其能詘服人心如此大夫罷官與元闓魯大荒或欲擇居它鄉君不可曰無年如此族姻日夜望吾至以薦其饑吾何忍擇利自營而不此顧卹乎既歸弛擔即內外千指仰食君〻市米官廩雜糠覈藜藿相與食之無難色有餘則以餉鄰里之窮無告者振施甚衆大夫官蜀計司取錢引之當沒官者復出之郡縣大夫月受以爲俸君曰以

此與民爲市是罔民也禁家人無得出積為錢五六十萬盡廢其後有司建治操空文以市於民者官吏皆汙而大夫獨皭無有蜀人賢之大夫之爲循吏君蓋多有力焉其自蜀歸則盡舉族人之無後與貧不克葬者凡三十五喪葬之未疾數月忽戒其子儉葬與凡家事豫爲條理大觀四年八月辛卯卒於舒州官舍年八十一以其子恩為通直郎累贈至朝散郎其治命曰必祔先塋乎吾葬今以十月甲申葬菟裘東節義鄉里仁之原與考同城娶曹氏贈太宜人男女二人男琪朝散大夫提點南康軍逍遥觀女適邑人潘潛孫凡四人傳儉億

儔傅奉議郎以辭學兼茂高選為祕書省正字即余之昕興同舍郎也億將仕郎鄆州刑曹掾餘未官初君未嘗伏術為學而行事每與書合又能縛絀自下以延致士教其子孫詩書以故子孫彬彬多以文行著云銘曰

暴興非祥嗔神姦慶積離久乃見端根蟠源泆天昕艱擢為脩林舒長瀾孫氏世隱耕寬閒逮君負能不施官人文不琢天守完僎天我昌匪力干裔冑亥亥方彈冠謂君未顯非今患昕詩佳城唯後觀　裴通苗成魏通摸刻

誌在泰安縣萬德鎮萬壽宮東壁

范莊

宋故范君子嚴墓誌銘　奉議郎致仕武騎尉張令譏

朝散郎權知巴州軍州管勾學事雲騎尉借紫權維

書　奉議郎簽書興州軍事判官廳公事勾學事王沃

篆蓋　子嚴先塋在邑之澤州鄉遲社塋間之木往往合抱詢其族人之高年者皆云葬逾百年矣雖無誌可考知其父爲陳倉人也曾祖煦祖懿皆務農不仕考元吉有度量善謀畫由畎畝積貲至鉅萬遂徙居邑中而冨籍爲第一卒葬於大像原有子三人而君居季孟之間考極喜儒意將擇子之良者教之然其孟既以門繇

隸府役季且幼獨屬意於君不幸考早世遂嘿嘿不得志一旦潛索友人朱景者如京師南抵滁濠間求師友而學焉逮歸季孟已有析煙之議君獨得畸零之業鬻去七八復買地於西平原凡五六年始稍有序然心中常以未副先君之志爲恨因置其生事又挈其友張令者復如太學凡數年四方賢俊多願交焉然數干舉不利有勸以習明經比進士爲可必者君深然之乃出居尉遲之故廬絶人事閉門誦戴禮荅義凡二年注疏首尾爛然在臆人皆謂君舉是科取青紫猶掇之也會朝廷改科場罷明經君嘆曰是亦有命焉乃不復爲干舉

之學而專閲史傳歷攷古人行事時與鄉中有道者爲
詩酒之樂益多藏書招賢士以教諸子爲急然性介潔
上不願接勢位下不喜白丁唯吾儒叩門一言道合則
傾蓋如故以至推財拯乏靡所不逮其所交遊多魁磊
宏博之士未嘗俛首以投俗人之耳目元祐元年閏二
月十七日以疾卒享年四十八元娶馬氏即邑人進士
馬收之女次朱氏鄉貢進士景之妹五男四女皆朱氏
所出曰汝翼成忠郎前任興州管界巡檢馬遞鋪次汝
弼秉義郎前任巴州管界巡檢次汝聽將仕郎次汝楫
汝礪皆讀書後君而亡女長適邑人馬鈞次適進士薛

弁次幼而亡次適進士張朴孫男十人倪份何伾倫脩伸倬儔倚孫女六人長適吳山進士楊大年餘並幼君之亡後翼年十八幹蠱事親教諸弟爽爽有立乃遵遺訓於政和三年六月十二日卜兆於鳳翔府寶雞縣寶雞鄉大象里先塋之西朱氏祔焉前期求誌於予予素與君善又予之次子娶君之幼女作誌與銘固所願也子嚴字也諱莊姓范氏銘曰　今學不效兮古學是循古學有得兮所親者仁宜壽不壽兮天所屯福慶流衍兮鍾後人

陳倉即寶雞隋以前爲陳倉唐以後爲寶雞西平原

在寶雞東北十五里朝廷改科場罷明經從王荆公之議也見宋史選舉志子嚴先世務農其兄以門孫隸府役誌不稍爲文飾猶見古人質直處謂析居爲析煙稱初娶爲元娶在今以爲常語於古則爲創見

孟邦雄

大齊故贈通侍大夫徐州觀察使知河南軍府事兼西京留守河南府路安撫使馬步軍總管兼管内勸農使孟公墓誌銘　朝奉大夫前秘書少監編修國史賜紫金魚袋李杲卿撰　尚書禮部太史局中官正賜緋魚袋李龢書并篆蓋　公諱邦雄字彦國西京永安人也

曾祖諱順妣安氏祖諱晏妣趙氏累葉不仕考諱恩贈
武節大夫母口氏封恭人公為兒時已剛介不群既壯
強鷙善騎射以氣聞里中賢豪有能談兵者必屈折禮
事以冀有得口而後已用是諸家兵法略知大義前宋
靖康建炎間中原喪亂盜賊蜂起嗣王走江浙海內洶
洶遞相殘噬公乃招集亡命旬月間得萬人號曰義師
保全一方力拒群盜京城留守使司嘉其忠義便宜借
補進義校尉兼差權永安縣尉既而借補承信郎權知
永安軍事累遷修武郎京西河北河東路招捉使以公
有心力能撫軍衆便宜補敦武郎兼閤門祇候仍差河

南府西六縣都巡檢建炎三年三月本路安撫使司改
差知汝州寶豐縣四年正月累獲大功京城留守使司
便宜遷武功大夫榮州刺史仍差權知河陽南城兼管
内安撫使四月差充京城留守司同簽書判官廳公事
兼主管侍衛步軍司仍遷左武大夫榮州團練使許從
便宜五月遷翊衛大夫六月遷中亮大夫改忠州防禦
使大齊開基阜昌改元公適時知變乃以忠亮大夫忠
州防禦使權知河南府兼西京留守管内安撫馬步軍
總管司公事兼管内勸農使歸附聖朝朝廷優加顯秩
遷中侍大夫依舊忠州防禦使餘並加故公迺謂人曰

大丈夫事主當一心建功立名期不朽豈可作服作叛以速夷滅哉方思建立以固恩寵適西京北路安撫總管翟興阻兵負險隔絕道路跳踉不軌殘忍尤甚公迺厲志竭忠乘機備發勸督將士協力赴功竟致渠魁破蕩巢穴厥績顯著天子嘉之乃遷徐州觀察使自是西至關中南至漢上凡兵火隔絕曠日人迹不通之地一旦水陸舟車田野来往貢游於市商通於路皇帝遣使賜金帶以光寵之三年六月宣詔赴闕上殿皇帝問以邊事辯對稱旨無所疑滯天子愛之賜廣撫封與臨一路仍正使號增重帥權特授依前中侍大夫徐州觀察

使知河南軍府事兼西京留守河南府路安撫使馬步
軍總管兼管內勸農使明年正月西賊叛逆順商虢三
州相繼變亂虜掠百姓攻圍城邑大兵未集遽入西洛
公不幸被執留之軍中意欲活而用之公乃毅然不屈
即請死之遂力被害享年四十六先是厥父恩被傷致
殞男安世同日被禍三世忠孝萃于一門舍生取義不
失全節方之古人殆無愧也朝廷哀憫其忠義贈通侍
大夫賜錢千緡及賻贈羊酒米麦等差諸縣夫役百人
以助葬事許其弟武經大夫閤門祗候河南府路副總
管邦傑不妨本職以領葬事七月二十日癸酉葬於永

安軍之田鄉蘇村之原公娶劉氏封恭人男一人安世贈朝奉郎女二人並未嫁俟嫁日名賜夫承節郎公天性純厚明敏辯博事父母尤孝能以智帥人與士卒同勞苦資糧與均故人樂任使多立奇功其在西洛不唯威聲四馳見於將略至於撫衆治民政平訟理皆出愁歎有古良吏風古之為將者或以智略或以壯勇或以死節苟得其一不害為名將後世將弱兵驕其能智略壯勇與夫死事竒節顯名世者幾希故其伺敵之來往內懷怯心外飾威色畏避矢石不敢前臨時去就以挾二三幸勝則要功力屈則降敵若人者安能死節玉

事願死馬革中以報國家我公獨能蹈是數者卒死忠義並驅古人非天賦英烈未易如是也僕不識公之面友人將仕郎黄億實客於公之門一日狀公行事之實見視為文辭不獲已因為之銘曰　帝造區夏志清多壘凶醜跳梁速誅干紀公識時變赤心欵附氣吞群盜亂庶遄沮帝用嘉之以廣撫封正彼使號以旌有功留鎮西洛克服商虢舟車隴蜀咸底偉績董賊亂常兇焰熾張死節被執斷頭不降以忠捐軀禍及三世死馬革中是謂得志帝用憫之厚葬斯舉錫以千緡贈以口口使安窀穸永兹幽宅巍巍嵩高與功無極　汴京楊青

刊

孟邦雄事附見宋史劉豫傳後云孟邦雄發永安陵即其人也邦雄即永安人建炎四年官至忠州防禦時劉豫僭號遂降授僞職誌云兼西京留守武授堂誤西作四且以東平汴京大名河南府四地實之葢未審石文原作西京而四京留守亦非一人所能兼攝也宋史翟興傳劉豫將遷汴以興屯伊陽憚之遣蔣頤誘興以王爵興斬頤拒之誌謂興跳梁不軌當指此事傳又云豫計不行陰遣人啗裨將楊偉以利偉殺興攜其首降豫小註云或謂賂偉爲內應以兵

徑犯中軍與奮擊墜馬死則誌所謂乘機奮發勸督將士竟致渠魁或兵犯中軍時由邦雄所督領也其事在宋紹興二年亦即劉豫阜昌二年也劉豫傳云紹興二年二月知商州董先以商虢二州叛附豫十二月襄陽鎮撫使李橫敗豫兵於揚石乘勝趣汝州僞守彭玘以城降三年正月李橫破潁順軍僞守蘭和降又敗豫兵於長葛引兵至潁昌府豫求援於金亦遣將逆戰橫軍敗績誌所稱西賊叛逆似指李橫其銘詞有云董先亂常兇焰熾張死節被執斷頭不降是邦雄死於董手其事不見於史不知董爲何人

豈卽董先耶然先旣叛宋附豫何以又殺邦雄其事不能明也誌末云見祝爲文猶言見囑也余近輯明人尺牘祝枝山莫雲卿墨蹟用至囑爲囑字皆作祝其根據則始見於此邦雄卒於阜昌四年僞齊劉豫以宋建炎四年爲金人所立改元阜昌其四年則建炎八年也

王景道妻賈氏

王夫人賈氏墓誌銘　夫人賈氏上世居開封徙華州渭南曾祖素康州刺史祖翊贈建寧軍節度使父昌言內殿承制母范氏夫人明悟柔惠知書謹禮年十七歸

王君景道王氏渭南大姓多田疇第宅甲城中園亭壓
渭水上羣從子弟皆好學登文武科不絕而景道尤淳
厚孝謹夫人相之益蕃其家金人亂關中王氏百口皆
散夫人同其夫三子丞之立之壽之一女女之夫蘇承
祚隱終南山得脫復入階文女死道路間由劍門入西
蜀抵犍爲清水溪時河南邵公溥碩人係夫人之妹也
夫人曰吾於此歸老矣邵公起爲宣撫使夫人遣其壻
執事帳中獨與夫子依碩人不離溪居邵公召爲禮部
侍郎過家覲碩人碩人要夫人同出三峽而夫人卒紹
興六年九月壬辰也享年五十六其壻盡力後事以十

月辛酉葬夫人淸水溪羅門灘南岸之山邵公與碩人
視窆封畢哭弔焉夫若子於墓下三視其明靈而妥之
以其辭爲銘銘曰　家秦川葬南犍其萬年安弗遷
誌出犍爲縣南二十里淸水溪南岸山宋入四川通
志誌曰復入階文今階州文縣皆在甘肅

李集妻楊氏

維皇宋紹興二十一年二月十五日貴妃姪女楊氏以
疾終于鄂州咸寧享年三十六歲紹興三年八月內娉
于邯鄲氏李集有子三人長曰燀次曰烜曰煒尙幼在
室女二人長曰興娘次曰安娘卒之五日葬于縣郭之

西金山寺之南宅兆既吉時日云良略序其實刊之珖
炎嗚呼哀哉永示無窮

是誌出湖北咸寧縣道光十年墓圮湘潭劉芑亭詒孫知縣事令土人納石封墓拓文見寄誌云貴妃姪女楊氏卒於紹興二十一年宋史后妃傳高宗貴妃有張劉二氏而楊氏無傳其夫爲邯鄲氏李集李姓集名邯鄲氏蓋用盧生遇回道人事以自號也

趙之才妻牟氏

趙孺人牟氏墓誌銘　南平范器撰　彤史廢職淑德懿行泯而不傳有能碣石墓側者亦庶幾矣鄉人趙允

兄弟奉其母之喪以狀丐銘詞甚哀予其何以辭孺人姓牟氏隱君諱昌仁之女進士趙之才之配其先蜀之資陽人累葉以富顯隱君熙寧初挈貲游南平顧膏腴可取遂家榮懿自是貲產盛甲一鄉孺人及笄隱君謂家人曰四子一女吾何憂女聰慧當選所宜歸先是允大父諱言亦至自武信與隱君產業相頡頏人目爲趙牟久之兩翁相謂曰貲與武乃枌榆今在異縣盍講好焉隱君以之才有文行納爲贅壻既而更治第俾得自如其貲連牆若一家逮析產兄弟一無厚薄父母之愛篤矣孺人處榮懿舅姑處新市相距一舍旦暮未嘗廢

起居禮其可奉甘旨者檢致盥攜婢僕馳送殆無虛日舅死畢喪念姑髮已鶴迎養於家奉事不怠姑死送終禮益厚孺人之夫夫貧灑落無鄙吝態客至未稅駕杯盤森列實孺人內助故不勞咄嗟孺人年逾三十夫死男女幼稚族黨有爲勢位者所撼議以再適孺人守義甚堅議者沮縮妾袁氏初亦欲求去孺人令終制乃嫁之此人情所難者嫠居四十年冠昏喪葬供輸餽贐各得其宜逮今阡陌聯翩不失尺寸是雖肯堂者能立實自孺人遺訓耳至若延士以訓子孫種德以厚基本孤貧卹䘏內外加敬此里閈知之甚詳因不復錄孺人享

年六十有八卒於正寢實紹興三十年四月十八日也
生二子曰允曰充業進士舉功名遲速未可量二女長
適進士牟黃先孺人十年卒次適進士牟蕃後孺人三
年卒孫男三人康國康朝康世嶷嶷可喜孫女五人允
充弟兄卜以乾道元年十月甲寅還孺人於輕難壩艮
山下實祔葬也謹爲之銘曰　爲婦以孝爲男以賢有
一於此名胡不傳兼而有之奚以銘爲德全名著固無
足毀銘之謂何久而不磨傳者益遠知者益多
重慶府綦江縣在宋爲南平軍地縣東金蘭壩嘉慶
初年久雨冢崩一穴深黑好事者持火入覩石洞乾

潔誌石完固邑令羅星抄出誌文命封其穴載入縣志并入四川通志宋世凡應春官舉者謂之鄉貢進士誌中趙之才牟蕡牟蕃皆會應是舉即鄉貢進士之謂非南平一軍登第者如是之多也誌曰盍講好焉講即昏媾之媾國策樓昌曰不如重發使爲秦講史記樗里子與魏講皆讀講爲媾今人稱後輩曰世講亦取世爲昏媾之義讀爲講習之講則誤矣

古誌石華卷二十八終

古誌石華卷二十九　三長物齋叢書

宋四

楊從儀

宋故和州防禦使提舉台州崇道觀安康郡開國侯食邑一千七百戶食實封一百戶楊公墓誌銘　左朝散大夫新通判成州軍州事主管學事兼管內勸農事袁勃撰　右朝奉郎權知洋州軍州事主管學事兼管內勸農事借紫李昌諤書　右朝散郎通判洋州軍州事主管學事兼管內勸農事賜緋王椿篆　忠義立身之大節知勇爲將之要道此古今不易之論也使忠義立

於內而或料敵不明臨機不果則亦無益於事功知勇發於外而或偷生以求安避害以圖利則亦無取於名節有一于此則不足以安國家衛社稷乃若忠出天資知稱人傑禦大敵於擾攘濟中興於艱難卓然在義勇萬人中而獨成義勇之功者其惟楊公乎公諱從儀字子和鳳翔天興人曾祖懷信曾祖妣王氏祖武晟祖妣李氏皆潛德不仕父仲方以公貴累贈武功大夫母高氏累贈碩人公幼慷慨嘗以功名自許靖康丙午金人犯順連破諸國狃於常勝侵軼中原所過輒下無敢攖其鋒者時太平久兵備寖弛乃詔陝西五路募義勇萬

人勤王詔詞有每聞邊報痛徹朕心之言公聞而歎曰國家艱難正忠臣義士効死之秋豈可久安田里爲一身計哉即奮然而起應原州之募太守杜平見而奇之曰汝志不群首起義勇所謂以義伐不義異日唾手富貴居吾右矣建炎初三月虜寇涇原忠烈吳公玠破虜大將婁室于青溪嶺分遣公以奇兵邀擊斬首一百七十餘級補進武校尉權天興縣尉三年八月忠烈遣公覘虜動息公破圍於同州聖山廟公仰天誓曰若出重圍當捐軀報國叱左右矢石交下殺數百人虜治雲梯公急取竹爲籠實之以土號曰土牛有頃雲梯大集遂

以土牛摧折之敵亂乘勢大戰而出轉承信郎遷隊將四年九月我師不利於富平五路垂陷忠烈會諸將於隴州入渡議戰公獨進曰虜人侵軼無敢與爭惟公能挫其鋒於青溪嶺者蓋得形勢之助也今虜已陷涇原將入熙河計非半載未還爲今之計莫若先據地利扼其要害以制之當爲公先取鳳翔復爲基本忠烈曰善即檄公領兵進復鳳翔既入悉降其衆不戮一人得粟三十萬斛時忠烈公方營寶雞西南曰和尚原因貯公所得之粟以資餽餉軍不乏食士卒感悅遂移府事以治之檄公知天興縣事本府駐劄轉保義郎陞部將紹

興改元三月虜自熙河復圍鳳翔勢益熾公告二親曰爲人之子非敢蹈於不孝今城中兵寡守死無益不若潰圍求援即泣別而行公與子大勳率麾下百餘人力戰至夜半突圍得出忠烈見而勞之曰尒忠有餘矣柰二親何公泣曰昨在圍中勢必俱死萬一天監其衷戮力一戰取之易尒忠烈壯之權選鋒統領守神岔四月忠烈遣公與敵戰于渭南以奇功轉秉義郎遷副將五月鳳翔虜酋没立會階州虜酋折合統五萬衆來攻和尚原忠烈遣公逆擊没立一軍於神岔大破之獲敵酋潑察胡郎君俘斬二百五十有一轉武略郎兼閤門宣

贊舍人隨正將十月虜元帥四太子會諸道兵十餘萬必欲取和尚原先犯神坌以警我師忠烈遣公禦之公賈勇先登接戰三日虜又分兵寇龍門關統制吳公璘掩擊敗走追及神坌虜援兵大至再合戰公潛以精兵橫貫其腹斷其首尾吳公引兵追及虜大斬千餘人棄鎧甲牛馬數計轉武德大夫開州刺史還統領軍馬兼秦鳳路兵馬都監先是虜恥屢敗遂囚公二親於青谿寨公內不自安二年正月公乞兵以往忠烈許公帥本部出北山斷虜糧道行數日至麻家嶺遇敵接戰翌日至青谿虜會諸寨兵爲援自辰合戰至莫大破虜衆奔

親以歸忠烈喜曰公深入重地能破強敵迎還二親可謂忠孝兩全轉武功大夫三年正月虜寇石板谷忠烈遣公禦之公先設伏以待敵至以奇兵刦之虜衆敗走追襲十餘里斬首數百轉右武大夫陞鈐轄二月僞先帥四太子擁大軍由商於侵饒風關犯梁洋經褒斜道出鳳州再攻和尚原忠烈復遣公引本部由間道應援和尚原以功轉拱衛大夫公嘗憤虜人侵暴不已得其使命郎黥劓而歸之公至和尚原都統郭浩厲聲曰比虜使至公辱而使歸是激敵怒今擁衆二十萬來攻請公當之公對曰虜據梁洋遣人以書見檄言很而色傲

欲恃勢脅我儻不辱之誠爲自弱今日之事決戰而已
敵衆百倍何足慮也統制吳公親率公等於是鼓行而
前徑與虜戰于栢村一擊破其三陣敵衆大敗追襲至
渭蹂踐溺死者不可勝計水爲之咽流吳公因謂衆曰
此捷楊鈐之力也轉親衛大夫四年二月虜入寇殺金
平自元帥以下盡室而來示無返意全蜀震恐既戰我
師初不利公急據第二堡外預設鹿角之地率強弩併
力迭射一日三戰傷殺甚衆虜引兵稍却翌日來攻萬
人敵堡統領姚仲重傷公代之率諸將戮力鏖戰五日
所向皆靡大破敵衆餘黨悉遁自是虜不敢輕舉全蜀

之民各安其生者雖吳氏之功然於攻戰之際公有力焉以奇功轉中亮大夫郢州防禦使五年辟知洋州兼管內安撫司公事公嘗從忠烈登殺金平過第二堡門忠烈顧瞻形勢指虜敗處以策擊韉謂公曰此衿喉地往歲一戰安危所系非公出力幾敗大事嘆賞久之九年正月虜歸我河南侵疆十年五月虜復背盟僞元帥撒离喝領大軍侵犯陝右宣撫胡公世將擢公同統制與諸軍會於涇州回山原大戰三日虜氣未衰議者欲潛師而還留禪將以扞公曰我輩蒙國厚恩今日當以死戰柰何移禍它人願留本部兵以拒之公張蓋示以

間暇虜人競進公叱咤力戰縱我軍數萬衆得出遂下回山轉戰十餘里全師而還轉協忠大夫七月虜據鳳翔胡公擢公知鳳翔府兼管內安撫使就守和尚原八月與虜戰於滿坡河及汧陽連敗敵衆俘斬數百人奪馬千餘匹轉履正大夫陞都鈐轄節制鳳翔府忠義軍馬九月遷馬步軍副總管十一年七月都統楊政出鳳翔公隸焉與敵人戰于陳倉魚龍川石鼻寨屢戰屢捷生獲虜酋珍珠孛堇諸軍凱還後三日僞元帥撒离喝整衆再犯和尚原公才千人進據金川堠敵衆益盛士有懼色公厲聲曰當各奮壯心以氣吞之聞鼓畢入敢

後者斬公率衆先登鼓譟競進自卯至酉殊死力戰厲衆大敗轉宣政大夫遷統制軍馬和尚原素號形勝盖秦蜀必爭之地屢欲以奇取之公扞守二年竟無可乘之隙反因糧於敵餽運減省胡公嘉之數奏於朝敵既不得意遂伸咊好是時將迎奉徽廟梓宫請還太后鑾輅遂許割和尚原十二年春詔宣諭使鄭綱中分畫其地而移公知鳳州既割和尚原而殺金平復爲界地其旁則仙人原也四川兵費邊儲萃于魚關三者相距皆十許里有司謂當得人以守遴選諸帥無出公右者十七年命公以本部兵屯仙人原公鎮守其地垂二十

年保固無虞轉宣州觀察使會朝廷詔大臣舉智謀武略可充將帥者參政楊公椿首以公應詔授正侍大夫三十一年九月虜主完顏亮遽絕和好南自江淮西連秦隴舟車器甲之盛亘古未有乃分遣僞帥合喜統兵數十萬自鳳翔至寶雞沿渭水連營列柵占據大散關宣撫招討吳公謂公曰賊據散關扼吾衿喉當急圖之遂擢公節制軍馬知鳳州公引兵與敵對壘且相視形勢難以力取於是晝易旌旗夜增火鼓示不可測虜亦增備轉糧草爲持久計吳公親提大兵出涇秦攻德順軍以分其勢仍命公牽制散關僞帥合喜果分兵赴援

三十二年閏二月公乘勢遣兵出御愛山抵天池原驚撓敵寨及斷其餉道又密遣兵焚其東西兩山樓櫓鼓譟從之聲震山谷虜人驚駭弃闕而走公乘勝進據和尚原則虜亦宵遁矣翌日有騎數千復來入谷公領兵逆擊之時天大雨雹風霧晝晦公選神臂弓射之虜酋中流矢引衆敗去若神助焉鑽雜賊敗恐我師乘勝擊之盡焚大寨退保鳳翔由是渭水以南復歸版籍以功㝡拜和州防禦使賜爵安康郡開國侯食邑一千七百戶食實封一百戶公自壯歲從事軍旅未嘗一日在告盡瘁王事嘗若不及每自嘆曰吾奮身畎畝荷國恩寵

嘗欲捐軀以效尺寸今年踰七十力所不逮勉強而不
可得矣會王師解嚴遂丐歸田里其請甚確吳公以公
精力未衰止聽解兵職遂辟知龍州寔龍興元年之七
乃也明年改知文州又明年吳公移鎮漢中梁洋接境
實為重地乃辟公復知洋州兼管內安撫使節制軍馬
洋人聞公之來舉酒相賀曰復得吾邦舊使君矣老稚
歡迎不絕于路公暇日嘗讀漢留侯傳至願棄人間事
欲從赤松子游之言公慨然慕之銳意求退上章力請
歸休乾道二年九月敕授提舉台州崇道觀介梁洋間
老焉五年二月十八日以疾終于所居之正寢享年七

十有八娶帛氏卒再娶苗氏卒皆贈令人又娶張氏累封令人子男八人曰大勳右武大夫果州團練使御前右軍統領權統制彈壓軍馬安康郡侯食邑一千七百戶曰大亨武經大夫御前中軍同統制本管軍馬曰大節從義郎御前前軍第三將副將曰大昌秉義郎御前右軍第一將隊將曰大年忠訓郎亡曰大林忠翊郎御前前軍第一將隊將曰大森曰大有皆承忠郎女十人長適武功大夫左部正將丁立亡次適左武大夫御前中軍同統制本管軍馬胡清次適承信郎張祐亡次適承信郎郭良臣次適承節郎彭寀次適保義郎傅汝弼

次適右從事郎城固縣丞張湑餘在室孫男十一人曰祖慶秉義郎成都府路第二將隊將曰祖廉承信郎御前前軍第三將隊將曰祖榮成忠郎曰祖顯曰祖仁曰祖安曰祖椿曰祖輝曰祖賢皆保義郎曰祖詵曰祖訓皆承節郎孫女十七人長適承信郎李雍次適承信郎張師古次適承節郎劉之義次適保義郎侯銑次適承信郎張寬餘在室曾孫男三人曰世忠保義郎曰世輔曰世傑皆承節郎曾孫女三人在室元孫男二人曰紹先曰紹光皆承信郎諸子以其年三月甲申舉公之喪葬於城固縣安樂鄉水北村生祠之側維楊氏系緒遠

矣自東漢太尉震起于關西以清白遺子孫奕世載德代不乏人公奮乎千載之後自致功名有光于祖可謂天下偉男子矣朝廷雅聞公名故所賜訓詞有曰知義之貴以勇得名益奮壯心遂成偉績搢紳誦之以爲美談公善射發無不中嘗偕王人劉參贊子羽行驍風嶺有虎突出叢薄間人皆辟易公躍馬而出以一矢斃之故射虎之名喧達部下方二親之在虜也而青谿之民日贍其費賴以保全及公破青谿既得二親併載其民以歸給田廬家之於梁洋至今賙給不絕朝廷聞之以孝義特賜旌表公之行不特此也爲郡尤以愛民爲本

初洋州有楊塡等八堰久廢不治公皆再葺之溉田五千餘頃復租稅五千餘石又增營田十四屯公私以濟民爲立祠宣撫處置張公浚聞于上賜詔獎諭初公至鳳翔也有流民數万在境內或疑其反側悉拘于山谷間公矜其無辜皆縱之後岐雍大歉流民欃入關就食公復納之所活甚衆西邊饋運自昔艱難公至鳳州首創營田四十屯民力減省軍食充足又領築鳳之黃牛堡以塞散關之衝創交之高平原以控西羌之路尒後皆獲成效其先見之明古之名將所不能及公性寬厚喜士不以其貴驕人接物逮下喜慍不形于色雖部曲

偏裨卒皆待以恩禮軍旅之暇採摭諸史兵家實効分門成秩釐而爲三十卷目之曰兵要事類漢守張行成太學博士李石皆蜀名士爲之序引其書遂行于世初公預爲送終之具嘗託門下士朱滸昆季述其行事編爲陞除錄勃偶備員魚梁總幕得親炙公言論一日公出示所錄委勃爲誌勃竊駭愕因問其故公曰僕以義自奮以勇立節每遇戰事許國以死萬一得酬素志則區區之心誰能表襮之故欲先爲之計儻得名卿鉅儒特書其事他日瞑目無憾矣勃嘆曰自中原俶擾豈無忠臣謀士力佐中興然於出處用捨之際或有愧焉公

始以數百孤軍出重圍不測之親從吴氏伯仲挫乘勝
方張之厲堰楊塡以惠梁洋之民復散閑以壯川蜀之
勢起匹夫之微而爵通侯之貴勤勞百職之盛而優游
乎二千石之良明哲保身以功名始終盖未有如公之
全者也使人人皆如公徇國而不徇私懷義而不懷利
則何患乎勳業之不立耶異時載在盟府繪像作頌血
食一方祀必百世其誰曰不宜乃爲之銘銘曰 炎光
晦曚赫然而中天佑生賢龍飛雲從其賢伊何翼翼楊
公公來自西名達九重惟天子明嘉衛乎距料敵制勝
允兼文武膚公上聞天子曰嘻利勢安殖皆汝之爲忠

以褆身義而報國智可周物勇摧大敵備德爲四孰與之京風廓霧舒偉績用成導利之功惠澤無窮粒食用乂是敬是崇氣老愈壯金湯是託或云不弔遐邇驚愕公名與俱德音不忘　西周王傑刊

從儀在紹興間武功甚偉宋史不爲立傳其事散見於高宗紀及吳玠吳璘楊政等傳關中金石記以誌證史遂一分疏其論甚覈從儀與岳忠武同時以武功顯一在南方一在西塞皆爲張紫巖所知從儀在邊遠地故不爲秦相所忌得以老壽令終子孫蕃熾備極武人之福矣然其俎豆千秋名垂宇宙則不及

忠武之萬一噫貧曠五福讀史者其可泥論哉誌中牽戲下百餘人戲通作麾戲下用史記語也郭浩屬聲曰屬乃厲字之譌公辱而使歸而當作之遂伸咊好咊即和之別寫厲主元顏亮元當作完完顏金主氏也出竒圖不測之親從吳氏伯仲之下親上脫地字銘詞末二句獨用陽韻與上不叶當別有二句與忘字叶者爲刻者所漏

張謙

宋故處士張君墓誌銘　左迪功郎新桂陽軍學教授陸九齡撰　右迪功郎新紹興府上虞縣尉沈煥書

右廸功郎知婺州浦江縣事趙師立　婺之東陽處士張君諱謙字叔仲乾道三年冬予在會稽君遣其子至四明因鄉友沈煥以書來請使其三子受經焉予謂曰九齡學古道不能爲場屋藝聲世所謂逸民者豈有意於用世耶煥曰彼之有請於先生正欲使諸子以正心誠意之學由近及遠自明至著必先以大學中庸爲主馴至修齊治平之業當于是乎取焉以故知君非流俗人也九齡伏膺斯誨遂爲諸子日事進修默坐拱聽似有得者自恨相見之晚四年秋七月之望復自會稽還江西公復以三子付託終業嗚呼予與公自幼相得君

之子若得以明經貢入上庠諸子又皆德業克備可進
於善予愚知愛之深今諸子有成豈非君趨庭之訓有
自抑予啟迪之有功也予不得而知也越明年春君遂
捐館訃聞君之子若德奉幣走數百里泣血言曰先君
受知大君子不幸棄世墓銘尚缺苟非先生大手筆曷
足以闡潛德發幽光予痛不自勝遂收涕直述其事君
諱謙字叔仲其先由汴梁東平壽昌始祖潮爲口寧令
遂占籍焉七世祖公澤力學砥行累徵不起賜號沖素
處士曾祖定祖佑父灯俱有隱德不仕兄叔恩爲大理
評事歷世緜延代有顯人至君砥礪名節不自進取韜

光泉石妻厲氏修行婦道甚得內助子男五若德明德
崇德順德仁德偵從九齡與延平李先生學女三人長
適邑人陳原次未行孫男六尙幼庸士生於政和乙未
三月庚申享年五十有五卒於乾道己丑九月辛亥其
孤奉柩窆于乘驄鄉槐楓里作塘塢祖塋之傍銘曰
君子伊何惟善是趨哲人伊何名利是違惟仁與義俗
之所棄惟勤與儉俗之所越俗則遂之公則愚之俗則
棄之而公志之莫不訓子公訓則殊訓子受經乃病潤
迂人蘇于戚公則撫之尙其嗣之克紹君志

宋史陸九齡傳云登乾道五年進士第調桂陽軍教

授以親老改興國軍是文即撰於乾道五年故題銜曰新桂陽軍也沈煥傳云字叔晦定海人與九齡同舉進士授餘姚尉此誌題銜作上虞尉蓋史誤也誌中所稱延平李先生謂李侗也侗字愿中南平人有語錄行世學者稱延平先生金谿三陸惟象山有集傳於今代此誌爲子壽撰文世所罕覯其中間有冗字今爲刪去九字加方畫以別之銘詞內惟勤與儉俗之所趨俗則遂之寠則愚之勤儉美德也不應加貶詞當以名利二字易之又誌末云生於政和乙未三月庚申作行狀墓誌而敘及生年月日古無此法

余嘗於癡學中辨之今則遵而效之者遍天下矣其
端自宋人開也而余於是誌始見及之古人書卒葬
之年月日而不書時卒日書時僅見於唐淨藏禪師身塔記云天寶五載某月日午時卒釐日書時僅見於唐潘智昭墓誌云天寶七載某月日景時景卽丙字避國諱也今則書
生卒之年月日時而不書葬日此法又宋人所無也
誌云奉柩砭子乘驄鄉窆誤作砭

鹿何

上缺直學士通議大夫提舉江州太平興國宮奉化縣
開國子食邑五百户樓鑰撰幷書　上缺閣學士通議
大夫提舉江州太平興國宮河南縣開國伯食邑七百

户邱嵒篆額　上缺　上章求致其事時缺祿奔走臣子
然聖意頗厭躁競之習顧大臣問所以丞相趙公雄奏
曰鹿某之請出於至誠朝論多惜其去寮友有以詩挽
留之者廟堂亦嘗却其請而求之不缺遷官二等以朝
奉郎直秘閣賜緋衣銀魚授一子昌運以官用華其歸
君生於建炎之元至是季才五十有三況以循良之課
入為名曹日稱於用翩然乞身而去缺節萬衆欽歎其
行也朝士餞別爭賦詩以爲贈先是有客嘗取靈徹詩
所謂林下何曾見一人者欲以見一名君所居之堂君
曰此吾志也既十季矣人皆以君不待季缺去台城四

十餘里地名鹿奥山水佳處也既歸不復入城府汎埽庭宇徑為終焉之計鑰時自救局贅倅于台訪君之廬崇岡碧谿老木擁門主人欣然出迎望之使人缺之賤詩而還郡太守為哀中外之詩為見一堂集行於世官滿再過之問君樂乎曰不見其樂但覺日長耳慕仰不足又為之詩曰再上先生見一堂澹然賓主兩相忘不知世外有何樂但覺山居白晝長君亦為一笑領此意壽即別去意君之壽考未艾也別四年而訃聞蓋十年十月七日哀哉嘉泰三年昌運改通直郎將至龍泉過四明敝廬中感念疇昔恍更二紀方相缺椿年知處州

日所作君行狀泣而曰先君之葬未有墓隧之碑今日
知先君之出處者幾無人矣敢以銘為請雖老矣學益
落義不得而辭也君字伯可世為臨海人曾大父戡不
缺郎父汝為累贈宣教郎惟鹿氏積有隱德諫議忠肅
陳公瓘謫居時承事伯仲實從之游始為儒家伯父汝
翔汝明紹興十二年同以進士起家鄉閭榮之二兄皆
與省貢而蚤逝君賢缺屬文由太學登三十年丙科授
右迪功郎秀州華亭縣尉有戕寇者口海道口口朝以
名捕君聞其馮險肆虐先以方略禽其爪牙數輩一日
出不意親至其家縛取以歸凶徒屏息潦水缺千頃王

公炎時為漕使被旨疏導之水軍奉命促迫諸縣吏民洶洶及君往視持畚臿待于阡陌者數百千人詢之耆老具言權豪築長隄侵淤水道今不於彼疏治反壞民業害愈缺隄或曰此鼎貴人之所築也君曰正當自顯者始有咎剔自當之隄既盡去水勢頓泄向之浸者土且作乂矣漕來按隔力陳利害之原與其已施行者漕喜甚屬君草奏缺郡寮賀曰決隄之舉旁觀為之股慄乃以談笑而□□□□□用薦賞改左承奉郎知泉州南安縣郡於中冬督秋賦甚急就逮者縣率二百人君力言省限未及法未應追而逮愈急趣缺擲其牘於地

連日上謁不得見納誥身以歸民相率至縣庭遮道留
者日數百人且言毋捨我去賦易足也皆夜舂晝輸未
浹日而登足守驚且悔設燕延欵問何以致此遜謝而
已邑庠缺築淫祠於講舍徹其材新之增貢選師親加
課督士益知勸有黃龍見于口前祀之以詩勵和者甚
眾是歲邑士名薦書者倍於舊吏部石公起宗廷試為
亞魁人皆以為作成之缺治相戒不忍犯法至親有訟
一言諭之或感泣而退口空繫口口邑人肖像立祠奉
之至今詹事王公十朋為守以治最薦有旨審察詹事
陳公良翰為給事中舉君自代云履事剛缺諒直而不

欺人以為得其實二公皆有當世重名不輕許可口口監登聞檢院時口中都官侍者率從負外置遂添差通判吉州佐郡有聲鄰有滯訟部使者多以委君一問而得其情 缺 右大飢參政龔公茂良帥隆興任以荒政口朝廷設賞募人納粟君諭富室得米七萬斛賴以全活者不勝計龔公力薦之復有堂察之命淳熙二季二月除知衢州尋改饒州 缺 羣臣氣節不立風俗委靡不能仰副聖意又論諸獄官不口注癃老之人乞嚴差注之法又言奏對者多徇私迎合詆議成法間有施行又以不便而罷誠有朝令夕改之弊上皆嘉 缺 諭君治郡不

可不留意財賦君奏曰今生財之道極矣惟能裕化原懲吏姦則財不可勝用無政事則財用不足若能使田里無愁恨歎息之心則郡計不足慮也上然之四秊九月到郡未 缺 召為諸王宮大小學教授五秊五月除尚書屯田貟外郎循名對因奏立宮庠以教宗子而法制苟簡反不及州縣乞修廟學定生貟置贍養之資嚴教導之法又以屯田有名無實國用十以 缺 惟此可以少紓民力酌古驗今周詢博采有上屯田疏指兩淮可以留屯者數十所君稽攷計正灼知利便願以身任其事十一月遷金部君欲助長貳經畫調度給內惟謹綱運

嘗輸左帑者因 缺 多露積岸次躬為督察力革其弊明
堂大饗陰雨不時蔵事之日天宇開霽禮成上甚悦君
進詩頌思有以開廣上意又奏聖人不以得天為足而
以敬天為務天之所以眷顧 缺 如此其至陛下宜存不
息之誠勿懷自滿之意則天之眷佑有加無已上稱善
者再三且極言民之疾苦因寬恤之詔每下而奏行不
虔其擾益甚如差役僦科折帛場務俱乞更張 缺 議而
行之郡縣有奏陳利害灼然可行者必力主之勢不得
專多有扞格自以彊顔班列為媿而歸心益𥨸君實兄
弟少又多病於世味宦情泊如也陪祠小疾決意納禄

或勸止之則曰吾才薄命奇缺致身員郎所得已厚不自知止及其顛敗悔之何及識者謂二疏官至師傅祿二千石又皆篤老君過之遠矣歸創小閣聚書其上朝夕省閱客至則觴詠以為樂給事龍學吳公常推冠巳久宅於缺石井自號湖山居士聞君此舉喜甚篇章相屬為忘年交君歲一過之劇歡而歸吳公病中邀一見亟往訪之未幾遂相尋於九京尤可歎也君天資孝友在上庠聞父病不暇俟潮有願負以涉者缺而潮至負者棄走自分必死俄有小艇至前賴之以濟人以為誠孝所感二兒寢疾藥餌悉出其手未嘗去側為伯氏立

嗣撫之如己出伯父通直性嚴重事之盡禮得其歡心
分舊宅則辭多而就寡缺自奉甚薄而好周人之急少
讀張乖崖公所錄黄兼濟事慕其為人凶歲則損直捐
廪以濟鄰里外和内剛初有朝蹟吏白當先謁權近叱
去之居官一毫不妄取禁家人市土宜作器用南安月
口有缺例當增竟不之問鄱陽郡例及諸司以千緡餞
行會建貢闈悉以助費在州縣時雨暘有禱輒應謝事
五秊而四旱鄉人禱或不獲君一出即甘澍隨之人皆
歸功則曰偶然耳棄置人事之後聞國家一政令之得
失一賢才之用舍憂喜形於言色若身任其責者為文

明白簡易詩務平淡能寫人所難言文集十卷藏於家
娶應氏知楚州寶應縣權之女先君十五秊卒有賢行
君自為之誌其文甚缺贈安人葬於鍾暐鄉白竹隩一
子昌運也一女適從政郎江州德安縣丞□栝孫男□
業儒女二人適同里進士吳熺應麐曾孫男女四人尚
幼十一秊仲冬丙申舉君之喪合于應安人之墓嗚呼
缺公六十三而致仕君又先之鑰掇閲九秊猶以為養
而久戀祠祿視君有媿焉銘曰　七十致仕禮經甚白
秊踰知命胡去之亟才方登用身又康彊慨然賦歸二
疏有光煌煌孝宗求賢如渴崇獎靜退以厲臣節天胡

不仁不假之年口口令名惟君純全我升其堂又銘君墓後之君子庶幾知幕

兩浙金石志云石右角題額俱缺今斷爲三在臨海東鄉白竹嶴即鹿君葬地也丁守璹以伯可與石子重商翬仲郭子奇陳壽老杜成之祀爲六賢吳荆溪記其事稱伯可揆臀於未暮之年脱蹝於必爭之地朱文公亦雅重之輓以詩又岳珂桯史云孝宗朝尚書郎鹿何年四十餘上章乞致其事上驚諭宰相使問其繇何對曰臣無他願德不稱位欲稍矯世之不知分者耳遂以其語奏上曰姑遂其欲時何秩未員

郎詔特官一子凡在朝者皆詩而祖之何歸棨堂扁
曰見一盇取人人盡道休官好林下何嘗見一人句
而反之也何去國時居二年以疾卒合此誌讀之伯
可誠賢矣哉惜誌字多泐不得攷媿集一校其文攷
媿此文記載頗詳何以獨書伯可之字而佚其名及
撿其子昌運墓誌參證之始知伯可名何文丙父汝
爲上缺祖某贈右承事郎其孫男名缺處則廏字也
撰文樓鑰篆額邱崈皆見宋史列傳孫男某業儒近
人作誌狀敘子孫之幼者曰業儒始見於此

古誌石華卷二十九終

宋五

李端修妻周氏

宋故夫人周氏墓誌銘篆蓋　宣奉大夫知樞密院事叅知政事兼同提舉編修勅令權監修國史日歷權提舉編類聖政臨海郡開國公食邑四千六百户食實封壹阡陸百户謝深甫撰　朝奉大夫行國□□丞王及書　朝奉大夫新權知無為軍兼管内勸農營田屯務事商飛卿篆額　夫人周氏台之臨海望族也曾祖文寵祖允平父永瞻迪功郎母韓氏夫人幼敏悟女紅之

事不俟訓而能父母愛之繇為擇佳配年十九歸于同里文林郎李君端修相敬如賓事舅姑以禮主祭祀以時而仁其族成其家焉李君任楚州山陽縣主簿當遘事□□□人争奔避夫人閔勞勸慰屬李君以功名而介然自守亦免於難後李君沿□旁郡火及官居夫人從容取文書攜其屬處園池中了無所喪翌日同寮来問訊莫不歎服遭姑之喪齋素閱佛書寒暑弗間李君再任通州買納鹽塲益勉以職事曰家事吾□□□為之□□□毋以私憂故其能以最稱于一時任滿從李君游衍江湖間極登臨選勝之樂歸築室治園往往□

要李君樂于命客詩酒自娛夫人主饋不懈至衣食孤窮津梁道路之費又不少吝李君□□行都得疾不起夫人聞訃極哀遂至喪明後雖眊眊於□□□獨佛書□誦□□□□教詔子孫聞其讀書聲則喜且告之曰汝世其業唯此而已□□預□□□□□□厲諸子以夫人之年幾可及大慶恩將請于朝夫人曰吾年實未至而父平生以忠直自許爾曹可以吾故罔上累之耶訖不許夫人嘗有疾即治歛具會□□□多所取獨舍是夫人曰所存如此他不足問也慶元二年冬會親黨至夜分盡歡後□□忽□疾病□□楷曰吾行矣汝

曹毋哭泣以溷我再呼楷前欲言而止已即奄然時十
一月二十三日也享年八十有四李君前夫人二十三
年卒子男四人楷其長格杞栩皆舉進士其幼早世女
四人壻進士徐江林下愚二為尼孫男炳然煥然爀然
□然烜然燽然□然煸然孫女八人曾孫男三人女二
人五年十二月二十六日以夫人歸葬縣之金僊□□
山之陽祔李君之塋也楷先期求□□□□□其家□
□□□在所宜書銘其可辭銘曰　敏其室兮宜其家
繄其實兮收其華剪施捨兮忌儉奢成夫君兮詔孫子
觴江岷兮□海滋源則長兮流未止　台州王之才摹

刊

兩浙金石志云在臨海東鄉金仙寺側石斷爲二撰文之謝深甫字子肅篆額之商飛卿字翬仲仕履皆見宋史本傳深甫全銜實封壹阡陸百戶書用大數亦金石變例也

黄裳

宋故黄氏壙志　公諱裳字齊賢黄氏家世儒科爲浦城望族曾祖慶祖希哲父端虚皆不仕自父游學始居雲間公兩預鄉書以特科授初品官調邵武尉天台丞嘉定庚午十一月丙戌寢疾卒於家享年七十有三娶

費氏二男紘緩早世三女皆嫁爲士人妻孫中美公少
孤自立篤志於學操履醇正不渝生死德豐報嗇何奚
忍言卜以是年十二月庚申葬横山之先塋二子祔焉
中美謹泣血誌諸壙　　壻進士吳咨塡諱

鹿昌運

宋故朝散郎知連州鹿公墓誌銘篆蓋　朝散郎右正
言兼侍講黄序撰　朝請郎尚書吏部郎中黄宜書丹
朝散郎尚書兵部員外郎何剡題蓋　公諱昌運字
會之世爲臨海人曾祖□贈右承事郎祖汝爲贈宣教
郎父何任朝奉郎直秘閣致仕累贈中奉大夫承事以

上有隱德弗仕自□齋中肅陳公權謫居是邦承事伯
仲實從以游始爲儒家子孫相繼舉進士祕閣歷任有
聲入爲屯田員外郎遷金部駸駸嚮用甫踰月服初衣
請老孝宗嘉歎遷官二等爲朝奉郎直祕閣賜緋衣銀
魚官其一子以華其歸時文忠周益公而下皆賦詩祖
餞亡慮百首歸以見一名堂徜徉其間人比疏傅謂過
之遠矣公自幼□□□善屬文□□□行起敬
會祕閣挂冠授將仕郎便養□□盖公少而喪母事祕
閣□□□不忍頃刻去親側□□□迪功郎□□
司□□軍丁祕閣憂不赴服闋以□□□□□慶□

□修職郎王巖之□邑素□□□藉散亡公□□□□□
□□排之力民賴以無擾□闕攝事聞惡少十數輩□
□□□禽以抵法不顧□□□□□□□□郎監
□倉中界至則□□□□□除□□□路米舟率願就
中界交卸上官賢之交章論薦改宣教郎□□之龍泉
縣龍泉□□□□□公務行安靜□□□□催科不以鞭
朴聽訟不以鉤距邑中不聞胥吏疾呼而治盛訟理整
□□□□□□上官嘉其政績薦之於朝而公灑然有歸
田之意命其子營數椽於家頹之曰□□□時同舍多
在朝列競□□□公獨恬然不以為意遂□□□□之

闕夫□天下財賦所萃出納之間儆倖迭出□□□□
□□□□布公正身奉法無所撓屈一載□□例遷□
□公□□留□連□解組以□□□□□□□□陛辭
之日□□□楮□□儆則□□析帛□供權時□□□
□又論□□□□之儆則欲分責江上諸軍□□□□
□□□□達于□□□□□□□□□□□□□□□
□上下□議而施得□□□□□□□日課諸孫以自
娱樂明年七月十二日以疾卒于正寢實嘉定癸酉歲
也積官至朝散郎□□□□□□□□□□□待人以
恕居官不受私謁一介不以取諸人去之日如始至据

偶出未嘗干撓州縣祕閣有姪登賢書□□□□□□
□□無子公再為命娶析屋惟均或謂祕閣私財不應
抵分公笑曰何待我之薄也疎財□□且譽高之嗜讀
詩書濱老不倦既受延賞猶不廢舉子業預丙午壬子
漕薦尤工於詩善狀物態有益齋文藁藏于家公娶吳
氏封安人先公□十三年卒子愿女二人長適國子進
士吳學易次適進士應虞孫男二人祖烈祖德女六人
長適進士□衍次許嫁進士吳□餘尚幼粵以乙亥年
二月壬寅葬於白竹隩之原蓋祕閣阡塋之側也先期
愿遺書叙公之行實來請曰向者先君獲托寅恭辱知

不薄願得銘文以垂不朽序惟公質朴廉介士大夫中
不可多得頃幸同僚相與之意甚深其敢以固陋辭迺
爲之銘曰　以見一之高尚兮足以振頹俗而瞻忻之
□□兮足以播其餘馥皆施豐而報嗇兮天不可問並
藏於白竹之原兮清風滿谷
兩浙金石志云在白竹嶴鹿伯可墓左剥落過半幾
不可讀可見者授將仕郎改宣教郎官龍泉縣積官
至朝散郎嘉定癸酉卒有益齋文藁藏於家標題處
有知連州字蓋其終官誌泐其文所謂正身奉法無
所撓屈即知連州時事也昌運爲伯可之子其文可

與伯可誌互證惟長女之壻伯可誌曰吳熺此作吳
學易學易卽熺名改也書丹之黃宜字達之天台人
淳熙二年進士官至敷文閣待制

王淦

宋永州通判王公朝奉墓誌銘蓋篆　文林郎新平江
府學教授江朝宗撰　昔孟子論故國不謂其有高木
而美其有世臣豈非以世臣之賢國所倚仗其遺風餘
烈動人悟物足以維持數百年之遠況於其身與其子
孫歟福祿蕃衍與國咸休誠無忝於世臣矣其源流豈
無所自來哉攷其世祚可知也公諱淦字函道姓王氏

五世祖諱遷贈太子太保居襄陽之穀城自其種德克
邁積善有餘鄉人稱之為無怨公故流慶之遠實胚胎
於此曾祖諱綱登元符進士第官至朝散郎通判徽州
贈少傅皇祖諱之望初以少傅遺澤補官辟監台州鹽
倉因家焉秩滿銓試第一調處州録參未赴登紹興八
年進士第考官將置魁選知舉爭之不合遂以為黃甲
第五人德行文章為學者師被遇阜陵參預大政終於
資政殿大學士左大中大夫贈太師秦國公謚敏肅勳
爵煒燁載在國史皇考諱鉊敏肅公第五子也孝友篤
至緯有父風繇監牧選總餉皆踐世職歷官朝議大夫

直秘閣太府卿公佩服家訓篤志問學性聰明了自幼穎悟年甫六歲伯朝奉大夫鏞見而異之以紹熙五年郊霈恩奏補嘉定三年銓中前列授迪功郎衢州戶曹未赴隨侍總卿入蜀奏辟總領所內機積粟簽邊屯營足餉多所稗益鶴山魏公見其丰神清邁喜斂肅之有後及出所為詩記稱其言近意到氣歛可仰手書序文勉之任滿利路監司見知辟監利州昭化縣轉般茶庫部押絹綱旌賞增秩監行在中界省倉出納唯謹和糴充裕以職事修舉該賞轉官雖屢遊宦路而黽勉服勞無從事獨賢之歎蓋公廉勤公正視國猶家當路鉅公

僉知其賢且才交口稱薦惟恐或後如憲使陳公元勲侍郎曹公彦約尚書魏公了翁尚書鄒公應龍尚書楊公燁侍郎趙公宗穌尚書袁公君儒並剡薦于朝以舉主及格改知衡州衡陽縣衡陽視湖南為壯邑財賦浩瀚訟牒繁夥上官委送無虚日公經畫有方酬應得宜催科則逐鄉置籍條列姓名躬自點勘標引必信期限不迫人户翕然樂趍上供不勞而辦聽獄則推究情狀行之以公曲直是非吏姦靡容民無枉濫之螫有寃獄數件如全州指使徐從義之子徐可大貨衡州趙秉義財物營生後徐可大不義逃閃其弟徐可久誣訴趙秉

義夫婦謀殺其兄連年不決事關人命公竟得情遂雪其寃有朱大夫者其家貲富饒因被盜聞於有司口手馬文捕獲郤大二等十餘人鞫勘觧縣案欵將圖罪該重憲公察其辭情有差躬自審勘乃知馬文受賄逼抑供招復賂縣吏符合前欵寃不可伸幾陷誣枉賴公詳明皆得清脫有如疑似之獄紛不勝數惟公心平見定片言折服剖決明允前後書判積成平心集十卷可攷高垓峒寇李保一者率衆驛騷焚蕩民居虜掠財物兇勢猖蹶閭郡為之驚駭憲臺命公激勵義兵前進殺賊公被檄即單騎就道奮不顧身號名義兵戮力前邁去

賊僅一舍閩風奔遁潛回峒穴一境獲安丁酉歲歉細民乏食公推誠勸諭上户委之賑糶闔境士民感德慕義平價給濟民保無飢凡可以卹下者靡不盡心樞相李公鳴復深所推重舉以陞陟期以遠器衡陽乃外臺耳目所寄風波嶮巇公政聲既著輿論攸歸適永州闕倅諸臺遂以公奏辟驟見方展遷得疾而卒實嘉熙丁酉六月十日也享年四十有八死之日弔者罷市送者塞路然後知公之愛民民之德公其誠意格物非勉強能致也公天資寬厚輕利重義親故婚葬無不樂助其有力不贍者周以月給衡陽官所去鄉幾三千里子姪

有孤弱無依者不憚最糧煆契之費與之同行人以急
告則捐金周之不使徒手而去人以病告則問證惠藥
不倦療治其或財物久假不償者亦未嘗過而問有以
非理相干不遜忤意者其人或遭患難不惟不念舊惡
抑且以德報怨惻然振援尤有夫人所難及者賀次坦
蕩自號卻塵暇日飲酒舒暢吟咏聯篇有卻塵集數卷
存焉方敏肅公當紹興間總餉西師軍旅精練邊陲乂
安民物殷阜蜀人德之創堂扁曰二政彰其成績以垂
不朽越六十年而總卿繼踵前躅父作子述泉流貨衍
倉積用饒西南生齒復賴其澤前後相續典刑具存公

目擊盛事嘗慨然有意於斯不幸齎志而往悲夫歷官至朝奉郎母胡氏繼吴氏俱封令人娶毗陵秦氏先公十九年卒封孺人子男一人梗文林郎新福州候官縣丞初孺人之喪公奉而葬於臨海縣義城鄉白巖山之原嘗預穿壙于其旁距總卿宅兆百步其孤不敢違先志謹卜以己亥十一月十九日甲申合葬焉襄事有日其孤來請銘其行余竊謂公之慶源演迤雖由於無怨公之所積而接踵膴仕者類皆藻明玉潔尊主庇民使家法懿範緜緜延延激而不墜則所以能世其家者何如哉朝宗昨守官郃陽去衡陽密邇嘗以書問往來閒

公之喪歸以病未及一慟素知其孤之純孝克負荷先
訓其敢以不文辭銘曰　上世積德如山如阜愬是用
希傳誦萬口源深流遠培植益厚載生賢嗣富哉抱負
克播其芬克長其畝未究厥施天嗇其壽令名不泯福
需于後□□□□嗣延□□

兩浙金石志云在臨海南鄉白巖寺撰文之江朝宗
宋詩紀事載爲括蒼人蓋由郃陽教諭新除平江教
授者王之望字瞻叔孝宗卽位以戶部侍郎疏請移
攻戰之具以自守自守既固然後隨機制變擇利以
應之與湯思退意合遂忝知政事言者論罷以端明

殿學士秸天台嘉定赤城志云之望子鏞知房州銖知荆門軍鉛歷大府卿四川總領孫涔歷金部郎官終知婺州而不及淦淦字囦道囦古淵字其知衡陽縣有惠政前修湖南通志未見是誌今爲據撰名宦傳侯續修衡志者採焉王淦穀城人嘉定間知衡陽縣縣賦繁而訟夥淦逐鄉置籍躬自點勘勒限不促民樂供輸故催科不勞而辦聽獄務究情狀行之以公吏不能售其姦而獄無冤濫有徐可大者假趙秉義貲以營生可大負義遠逃其弟可久誣訴秉義謀殺其兄連歲不決淦得其情立爲昭雪富室朱大夫

以被盜白於有司捕者馬文獲郃大二等十餘人詣縣獄具將眞重憲淦察其情辭有異密鞫之知馬文受賄傴抑成招復賂縣吏符合前款幾陷誣罔淦爲脫大二等而抵文於法凡獄有疑者惟心平見定以片言折之積前後書州爲一帙題曰平心集高垓峒寇李保一者焚掠民居勢甚猖獗臺官檄淦往勦淦單騎就道義兵翕然應之去賊一舍許卽閧風潛遁縣境獲安嘉熙元年歲歉推誠勸諭富戶委以賑糶價平而民不餒以治最擢永州通判未上卒

張塤

宋帶御器械張公壙刻　先君諱塤字伯和世居會稽之蕭山大父由舍選登科仕廬陵蘄春兩教官諱[redacted]先君立朝贈承議郎先君即次子也其上諱宗顔則先君之祖諱世明則先君之曾祖以叔祖師旦累贈奉直大夫先君生於淳熙甲辰十二月二十二日先妣長興縣主爲崇文恭王之妹聖天子録用南陽親族授先君承信郎紹定六年從銓曹注寧國府監税端平二年五月名除閤門看班祗候住□轉承節郎嘉熙三年二月丐外特添差揚州兵馬鈐轄仍釐務帶行閤門祗候淳祐元年九月差兩浙東路兵馬鈐轄衢州駐劄帶閤職

如故二年轉保義郎六年四月差兩浙西路馬步軍副
總管臨安府駐劄待次十一月詔入爲帶御器械兼幹
辦皇城司七年十二月轉成忠八年三月轉忠翊十二
月御帶因任十年十月轉忠訓十一年十二月以皇城
親從歷諸班直淤賞超轉修武十二年八月屬疾乞掛
衣冠上不允轉訓武主管佑神觀疏再上轉武翼郎致
仕甲戌終于寢得年六十有九子男三人來孫忠翊新
添差淮南東路兵馬鈐轄揚州駐劄仍盤務兼制置大
使司計議官稱孫武經郎特帶行右衛將軍新差知澧
州軍州事節制屯戍軍馬寄孫早世女二人長適進士

毛煥炎適進士俞振孫孫男三人聖保寧老祺老孫女四人先妣先二十年卒葬於邑之夏孝鄉越王山之原□以癸丑歲十二月甲申舉先君柩合窆焉先君性恬退雖游科場不以得失介意既登仕途宦情亦薄自三衢得替還即所居之北里許闢圃鑿池依林麓築堂題扁曰靜山徜徉其間因以自號若將老焉及簉班聯朝謁之暇多放懷西湖觴詠自適生平接物以和賙人急義鄉黨宗族咸得其心嘗曰吾叨恩逾厚唯早歸休為幸耳至若周旋朱華屬橐宸陛雍容不失尺度三衢恪共乃職奔走徧諸郡按閱營壘戎器靡憚其勞則官業

固不苟也來孫等罪逆不孝早失所恃先君相依為命一旦永訣終天肝膽摧裂雖得冊府名流表于墓道蓼莪罔極情不能已銜哀又紀大略以納諸壙孤哀子來孫稱孫識從事郎資善堂檢閱劉仰祖填諱

誌曰甲戌終于寢又曰葬於癸丑歲兩浙金石志以甲戌日爲甲戌歲疑所載甲子與年壽不合又以癸丑爲皇慶二年謂葬時已入元代故止書甲子皆誤也張塤生於淳熙元年甲辰至淳祐十二年壬子得年六十九其年八月引疾致仕卽於是月甲戌日終於寢葬以明年癸丑實寶祐改元之數也文中所敘

紹定端平嘉祐淳祐等歷仕年號可證其子稱孫官終寶章閣待制有墓在縣湘湖之龜山見蕭山志其父有武翼等勳階標題處止書帶御器械殆別有意指歟填之妻父榮文恭王理宗父希壚也兩浙金石志謂子書父誌使他人填諱始見於此不知前錄黄裳誌亦云填諱又唐徐峴書其父浩碑以妻姪張平叔題諱題諱卽填諱也其例不始於宋矣

韓悅道

宋昌黎韓悅道墓誌銘 篆蓋

誌佚蓋存在安陽縣篆字三行字長徑五寸

金

鄭居澄

太淸宮前提點大師鄭公預誌 楷書橫題誌上 師姓鄭諱居澄字太淸其先燕人也祖遇嘗事遼居顯職值遼宋悔盟遂徙居霸之大城世以農爲業師生純質不雜兒戲父母異之嘗許以出家甫九歲辭親禮青州天慶觀道士劉純素爲師教之經文誦課日益雖寒暑卷未嘗釋於前十九中試經選度爲道士廿一闔郡道流推爲本州道官師宏演經典維持科戒道俗咸仰之興慶初召赴闕下住太極宮主講符禁科仍賜紫衣號真靜大師

會車駕幸河南師亦游方至亳之太清宫以手加額曰此吾太上祖庭也復區區何之遂潛迹焉貞祐四年丙子衆議舉提點太清宫師不獲已而住持焉惟以寬御衆温言撫下故能盡得人心至於使客經過公私用度悉有條目以久而請退越五年又闕主者衆復請提點宫事又五年師年益高頗倦人事應接固請得退凡兩主宫事尋居西堂一日會弟子希昇希淵且人之生死猶往來也固所不免古人有預作誌文及營殯所吾行年六十有四事不可必今欲先期穴一歸室庶免他日爲若等累何如希昇輩以師意堅古初不敢拒皆伏地

愀然而對曰敬聞命矣於是遂鳩工涅甓不日而成之
復謂友人濟南劉冠曰君與余相從非一日實知心者
姑爲我記之冠義不得辭遂書此以爲誌時正大六年
三月望日門弟子道士劉希淨　冲妙大師太清宮知
宮賜紫王希淵　前太清宮上座賜紫希昇一十七
人同立石

誌在鹿邑縣

元

郭瑞

故郭公墓誌銘　河内張元述幷書　至元二十六年

三月既望邑人西郭生偕邑老蘇庭秀王仲容過弊廬具酒奉觴致敬禮畢郭生鞠躬進而言曰我先人值宋紹定五年凶荒之後流離于太行之北寓居天黨端平三年三月十三日以疾終壽止於二十八歲其時倉卒淺瘗之賴母氏李提攜孤幼出於萬死之地得達鄉里于今五十有四禩矣每一念至肝腸為之斷裂欲報之德昊天罔極謹卜於本年八月八日遷葬于太行平原之上思父之心葬祭以禮猶為未足欲託片言以傳不朽遂采石他山磨之礱之願先生哀其愚衷而誌之幽明受賜弗敢忘德余聞之愕然曰陋巷書生素不涉學

是誠不能辭益堅而請益固然而郭生年逾五十尚有嬰慕之心又舜之徒與又欲勒之貞珉以昭先德可謂始終能盡其孝者矣姑為次其世系子孫及公之生平行止而書於石公諱瑞字仲祥其先太原人後徙於河内祖諱信父諱誠俱業精於醫其設心以活人濟衆為務淸名美譽播於當世宜乎積善之慶流及後裔也公生而奇偉長而明敏常有濟人之志而無榮利之心不遇其時不得其壽身殁他鄉何其不幸也有子男一人曰琳字君璋即西郭生也克修其身家道日益昌盛鄉里視以為則孫男二人曰通曰達曾孫男一孫女二尚

幼噫天之報施奪彼與此何薄於其身而後昌其子孫乎爲之銘曰　郭本姬出祖居太原屬世離亂挈家南遷達於覃懷寓止河内業精於醫傳之三世猗嗟郭公生不逢辰歷諸險阻獨行惸惸天黨僑居凶裁薦至百療不差奄然而逝淺上權瘞誰護其喪孤墳三尺寥寥夜長是有令子克盡孝道爲之棺槨卜其宅兆太行之陽龍蟠鳳翔魂兮歸來閟此元堂爰摭其實揭諸貞石子子孫孫敬奉無斁

郭君固碌碌無可稱又客死於此徒以其子孝思之誠求文勒石竟歷數百載而名尚存夫人生行業儻

獲名士大夫爲之稱述即可冀不朽之名是則孝子慈孫所以事親之道或在是乎大興方履籛識

金石著錄例以元代爲止余集古墓誌凡二百餘紙而元誌獨無以時代漸近非金石家所重且近代慎終之典徒飾外觀不知勒石埋幽爲可貴間有存者亦無足采也是誌在河內紫陵鎮近日方君彥聞已采入河內縣志矣入手文境頗別惟字句多冗贅最可哂者敘西郭生之名曰有子男一人諱珎爲友生誌父墓固不得諱其名且郭生健在何謂諱乎是編類皆照錄原文惟此誌稍加刪潤存之以見碌碌如

郭君者尚可託誌以傳使世之爲人子孫者知埋幽之作爲可貴也

附錄

勸勿徙關中古誌石文　黃本驥

道光壬午秋客關中搜訪古碑見友人購得唐人墓誌數石欲攜歸故里心弗善也作文風之

今輯古誌石華既成編附卷末用勸來者

金石文字自歐陽公始有專好其後踵而好之者不下數十家然亦搜集搨本著爲成書以物聚必散惟目錄可以久傳金石之壽不及紙本故不憚竭心力耗時日

而爲之未有多聚石刻以爲篤好者也關中爲秦漢隋唐故都殘碑斷碣日出不窮既非一人之力所能盡得豐碑巨刻雖强有力者無如何惟誌石出土其製差小遇好古而客其地者往往以重金購之攜歸故里且慮馱負之難勝也大者斲之使小厚者礲之使薄自以爲好古成癖亦何不達之甚也夫古物流傳端賴通人護惜惟有公諸同好以示其傳若周宣石鼓鑿以爲臼北海雲麾琢以爲礎既爲不好古者所阨而好古者又復移去其鄉使後人無地可訪遂至湮沒不傳是一阨於俗人而再阨於雅人也昔人之爲人子孫者既有碑碣

以表先人之墓復求名人手筆撰書此誌堅築而深埋
之非好煩也蓋謂其祖若父有豐功偉業恐碑碣爲兵
燹所壞得一佳文刻入名人之集可爲異代修史之據
即無功業可稱者亦得於數千百年後古墓爲田而誌
石出土好事君子愛其文字之工而傳搨之其姓名猶
可藉以不朽此仁人孝子無窮之思也世有以仁孝之
心爲心者如親見古墓發掘但當手錄其文付著作家
使傳於世仍令瘞石故處或石出已久即當嵌置通都
以遂其表揚先德之志如欲私爲己有藏於一家試思
先人所遺田產書籍及宗器流傳應爲家寶者尚不能

世守勿失況他人墟墓間不祥之物何必獨藏亦何能久藏遇有友朋乞取徒費搨送之資然亦斷不能頻搨數千百本以供四方無厭之求以此自累又何愚甚畢秋帆尚書沅巡撫關中時搜羅古刻輯關中金石記闡幽之心可謂盛矣稽古之力可謂勤矣以記中所載高福張昕孫志康等墓誌數石運歸吳中藏於靈巖山館自謂古物得所可免敲火礪角之虞未及數年所謂靈巖山館者何在而邇歸諸石更不知鋪階甃壁棄於何所矣是得謂好古而護惜之耶抑將嫉其姓名之傳而欲其速朽耶然尚書著作家也既登其目入金石記中

又傳其文於錢竹汀翁覃溪武授堂王述菴諸著作家故高福等誌其文尚傳於世石之存亡原可不論若名位不及尚書著作不及尚書者欲使片石長存其可得乎此後有古誌新出者奉勸大雅君子移置碑林鑲嵌牢固使後人易訪古物可傳忠厚存心功德無量

道光庚寅十月十四日莆田郭尚先蘭石借吳梅梁觀察藏本讀竟於鹽亭行館

古誌石華卷三十終